比　率	計 算 目 的	読 み 方
他人資本回転率 $\left(\dfrac{売上高}{他人資本}\right)$	他人資本（負債）の有効利用度を判定する指標。他人資本の何倍の売上げがあったかを計算するもの。	固定資産は長期資本である自己資本でまかなうのが原則なので，原材料，商品等の調達に使用される他人資本が$G \to W \to G'$の循環を何回したかをみる。この回数が高いと借入金が有効に使用されており，低いと自己資本の一部が運転資本に回されていることを示す。
棚卸資産回転率 $\left(\dfrac{売上高}{棚卸資産}\right)$	原材料・商品等が当期に何回転したかを測定。販売の能率や在庫過大（小）を判定する指標	正確には分子は売上原価とする。$G \to W \to G'$の循環は，棚卸資産が何回，現金→仕入→売上→現金を繰り返したかということであるから，在庫の妥当性，販売の効率が回転数に現れる。
流動比率 $\left(\dfrac{流動資産}{流動負債}\right)$	短期的な支払能力の指標	一般に流動資産の即時換金価値は帳簿価額よりかなり低いため，流動負債を即時に返済するにはこの比率は200％以上が望ましいとされる。 固定長期適合率の逆比率でもある。
当座比率 （酸性試験比率） $\left(\dfrac{当座資産}{流動負債}\right)$	流動比率の補助比率	流動資産中の棚卸資産を換金して負債の返済に充てるとすれば営業の継続は困難になる。営業の継続を前提とすれば返済の財源は当座資産となる。この比率は100％以上が望ましいとされる。
固定比率 $\left(\dfrac{固定資産}{自己資本}\right)$	財務安定性の判断指標	固定資産は返還不要の自己資本の枠内で調達するという原則から，100％以下がよいとされる。
固定長期適合率 $\left(\dfrac{固定資産}{自己資本＋固定負債}\right)$	固定比率の補助比率	装置産業のような固定資産構成比の高い業種の場合は，自己資本と固定負債の範囲内で固定資産を調達すべしという原則から，100％以下が良好とされる。
負債比率 $\left(\dfrac{負債}{自己資本}\right)$	他人資本の安全度 資本構成	自己資本が大きいほど他人資本の担保力は増し，100％以下が望ましいとされる。

監査役のための「早わかり」シリーズ

経営分析

監査役のための「わが社の健康診断」

田中　弘　著

税務経理協会

監査役の皆様へのメッセージ

　少し前までは，**監査役**は「上がりのポスト」とか「閑散役」などと揶揄されることもありました。しかし，今の企業には，そんな余分な役職を用意するだけの余裕もありませんし，株主や世間の目も厳しくなってきました。

　新しい会社法では，監査役に大きな期待を寄せています。世界では，監査といえば公認会計士・監査法人による「**外部監査**」だけのところが多いのですが，それでは経営者と外部監査人がときに「癒着」して投資家や一般社会に多大な被害を与えることが起こります。アメリカの**エンロン粉飾事件**や日本の**カネボウ粉飾事件**は，会社と会計士が共謀して（つまり会計士が自分の職責を忘れて）起こした事件だといわれています。

　オリンパスの事件でも，1,000億円もの巨額損失を外部に移す「飛ばし」が行われ，その穴埋めのために1,300億円を超える「裏の金」が動いたと報道されていますが，ここでも，監査法人の仕事ぶりに批判の声が上っています。

　こうした事件が発覚した後にいわれたことは，オリンパスの場合もカネボウの場合も，「**監査がちゃんと機能していたら，こんな不正は防ぐことができた**」という話でした。

　なぜ，監査がちゃんと機能していなかったのでしょうか。どうしたらちゃんと監査が機能できるようになるのでしょうか。大きなヒントは，「公認会計士・監査法人による監査」というより（もちろんこの監査は非常に大事ですが），

どちらかといいますと，わが国に特有の「**監査役による監査**」制度にあると思います。このことは，本シリーズの第1巻『**会計と監査の世界－監査役になったら最初に読む会計学入門**』でくわしく述べています。

　ところで監査役になられた皆さんは，これまで「監査」はもとより「会計」「経理」の部署も経験していない方がほとんどだと思います。

　新しく監査役になられた方々とお話しますと，決まって「監査役になったけど，監査も会計も経験がないので，どういう職務なのか皆目見当がつかない」とか「大変だ！　さっそく会計の本を買ってきて読まなきゃ」という反応が多いようです。

　「営業部長」になったとか「総務部長」になったというのであれば，これからの職務の内容もおおよそ見当はつくのですが，「**監査役の職務**」となりますと，多くの方は「何をしていいのかわからない」と感じるようです。

　この「**監査役のための『早わかり』シリーズ**」は，そうした監査役の皆さんの不安を解消し，新しい職務への「グッド・スタート」を切るために，「**自然体で！**」「**味方を増やして！**」そして「**監査役は社長の懐刀に！**」をお勧めするものです。

　本書は「早わかりシリーズ」の第3巻として書かれた，「**経営分析－監査役のための『わが社の健康診断』**」です。「勉強するぞ！」とか「覚えなきゃ！」といった意気込みも大事ですが，肩の力を抜いて，「経営分析の世界をちょっと覗いてみるか」くらいの気持ちで読み始めてください。きっと20～30頁も読まないうちに，経営分析の面白さに気がつくと思います。

監査役の皆様へのメッセージ

　このシリーズの発刊にあたりましては，税務経理協会・大坪嘉春社長と，同・大坪克行常務に大変お世話になりました。とりわけ常務には，企画の段階から積極的に取り組んでいただき，心から感謝申し上げます。また，本書の出版にあたり，同社第１編集部の日野西資延さんにお世話になりました。心から御礼申し上げます。

　では，Bon voyage！　楽しい旅を！

2012年１月

田中　弘

CONTENTS

監査役の皆様へのメッセージ

CHAPTER 1　何のために会社を分析するか

- 1　大倒産時代の到来……………………………………………………… 2
- 2　経営者は自分の会社のことがわからない…………………………… 3
- 3　投資する前に，投資先のことを知っておく………………………… 4
- 4　取引先は安心できるか………………………………………………… 5
- 5　消費者の立場から見た会社のこと…………………………………… 6
- 6　就職先としての会社を知る…………………………………………… 7
- 7　監査役の皆さん………………………………………………………… 8

CHAPTER 2　会社を分析するには何を用意すればよいか

- 1　会社が作成するデータ（1次データ）……………………………… 10
- 2　加工・分析されたデータ（2次データ）…………………………… 11
- 3　会社や業界の情報……………………………………………………… 13

CHAPTER 3　経営分析によって何を知ることができるか

- 1　会社は儲かっているかどうかを読むことができる………………　16
- 2　売上げの質を読むことができる……………………………………　18
- 3　隣の会社と比べて，どっちが儲かっているかを知ることができる…　19
- 4　会社は，どういう活動で儲かっているのかを読むことができる…　19
- 5　会社は健全に成長しているかどうかを判定できる………………　19
- 6　会社の資本は有効に使われているかを判断できる………………　20
- 7　会社は借金を返す力があるかどうかがわかる……………………　21
- 8　会社はどのくらい社会に貢献しているかが読める………………　22
- 9　会社は資金繰りがうまくいっているかどうかがわかる…………　24

CHAPTER 4　会社は成長しているか

- 1　グラフ用紙（方眼紙）を使う………………………………………　29
- 2　片対数グラフを使う…………………………………………………　35

CHAPTER 5　会社の成長に無理はないか

- 1　成長性比較グラフ……………………………………………………　42
- 2　増減（増分）分析……………………………………………………　48

CHAPTER 6　次期の売上高を予測してみよう

- 1　経営計画のスタートラインは売上高の予測………………………　56
- 2　時系列データを用意する……………………………………………　57
- 3　スキャッター・グラフ法……………………………………………　58
- 4　最小２乗法（単純回帰分析）………………………………………　61

目　次

■5　移動平均法による売上高予測……………………………………… 63

CHAPTER 7　売上げの季節変動を読む

■1　移動合計グラフ…………………………………………………… 72
■2　Ｚグラフを描く…………………………………………………… 75

CHAPTER 8　会社は収益性の高い事業をしているか

■1　「もうかりまっか」………………………………………………… 78
■2　「もうかりまっか」を数字で表せば ……………………………… 78
■3　総資本利益率は経営者にとっての利益率………………………… 80
■4　自己資本利益率は株主にとっての利益率………………………… 81
■5　もうけはどうやって計算するのか………………………………… 83
■6　ＲＯＥとＲＯＡを分解してみよう………………………………… 85
■7　売上げの質を見る………………………………………………… 86

CHAPTER 9　本業でどのくらい儲けているか

■1　本業比率と売上高構成…………………………………………… 90
■2　総資本営業利益率………………………………………………… 91
■3　売上高営業利益率………………………………………………… 94
■4　総資本営業利益率の分解………………………………………… 96

CHAPTER 10　いくら売れれば採算ベースに乗るか

■1　売上高と営業利益はパラレルに伸びるか………………………… 100
■2　固定費と変動費…………………………………………………… 101

- ■3　損益の計算と固定費・変動費……………………………………… 102
- ■4　損益分岐点………………………………………………………… 103
- ■5　営業レバレッジ…………………………………………………… 105

CHAPTER11　公式を使って損益分岐点を計算する

- ■1　粗利益と限界利益………………………………………………… 110
- ■2　限界利益率………………………………………………………… 111
- ■3　限界利益率による損益分岐点の求め方………………………… 112
- ■4　変動費率によって損益分岐点を求める方法…………………… 114
- ■5　公式により損益分岐点を求める方法…………………………… 114
- ■6　もう1つの損益分岐点（損益分岐点比率）…………………… 115
- ■7　目標利益を達成する売上高の計算……………………………… 116
- ■8　販売数量で求める損益分岐点…………………………………… 118

CHAPTER12　グラフを使って損益分岐点を読む

- ■1　利益図表の作り方………………………………………………… 122
- ■2　限界利益を示した利益図表……………………………………… 124
- ■3　変動損益計算書型の利益図表…………………………………… 126
- ■4　限界利益図表……………………………………………………… 127
- ■5　利益三角形の見方………………………………………………… 129

CHAPTER13　損益分岐点を実践する

- ■1　固定費と変動費の性格…………………………………………… 134
- ■2　勘定科目法………………………………………………………… 135
- ■3　総費用法（総額法，変動費率法）……………………………… 138

目　　次

- ■4　スキャッター・グラフ法……………………………………………141
- ■5　最小２乗法……………………………………………………………143

CHAPTER14　財務体質と借金の返済能力をチェックする

- ■1　図体の大きい会社はいい会社か………………………………………148
- ■2　図体はどうやって計るか………………………………………………149
- ■3　自己資金と借金のバランス……………………………………………150
- ■4　自己資本比率という尺度は何を計るものか…………………………150
- ■5　短期の借金返済能力と長期の借金返済能力…………………………153
- ■6　流動比率が語る「借金の返済能力」…………………………………154
- ■7　当座比率は返済能力のリトマス試験紙………………………………156
- ■8　支払能力の総合的判定…………………………………………………157

CHAPTER 15　資金繰りはうまくいっているか

- ■1　満席にさせないテクニック……………………………………………160
- ■2　資金とは何か……………………………………………………………161
- ■3　どのような資金情報が必要か…………………………………………162
- ■4　カレンダーを利用した資金繰り………………………………………164
- ■5　実績の資金表と見積もりの資金表……………………………………165
- ■6　見積損益計算書と見積資金繰表………………………………………167
- ■7　１部制の資金繰表………………………………………………………170
- ■8　３部制の資金繰表………………………………………………………172
- ■9　資金繰りはボクシング…………………………………………………175

CHAPTER 16　キャッシュ・フロー計算書

- 1　営業循環とキャッシュ・フロー計算書……………………… 178
- 2　キャッシュ・フローとは……………………………………… 178
- 3　直説法と間接法………………………………………………… 183
- 4　3つのキャッシュ・フロー…………………………………… 186
- 5　キャッシュ残高を読む………………………………………… 188

CHAPTER 17　会社は社会に貢献しているか

- 1　給料を減らせば利益は増える………………………………… 192
- 2　儲け過ぎに対する社会的批判………………………………… 193
- 3　生産性とは何か………………………………………………… 193
- 4　付加価値とは何か……………………………………………… 195
- 5　付加価値の計算………………………………………………… 197
- 6　減価償却費の扱い……………………………………………… 198
- 7　付加価値は適正に配分されているか………………………… 199
- 8　付加価値の増減と企業成長の健全性………………………… 202

CHAPTER 18　付加価値から何が読めるか

- 1　労働生産性と資本生産性……………………………………… 206
- 2　付加価値生産性の展開………………………………………… 207
- 3　労働装備率と設備生産性……………………………………… 210
- 4　設備生産性の展開……………………………………………… 214
- 5　労働分配率と資本分配率……………………………………… 217
- 6　資本分配率の分析……………………………………………… 220

目　次

CHAPTER 19　企業集団はどのように分析するか

- 1　企業集団とは何か……………………………………………224
- 2　企業集団の財務諸表…………………………………………226
- 3　親会社と企業集団を比較してみる…………………………227
- 4　貸借対照表を比べてみる……………………………………228
- 5　損益計算書を比べてみる……………………………………230
- 6　企業集団は，どの事業で儲けているか……………………232
- 7　企業集団は，どこで稼いでいるか…………………………234
- 8　個別財務諸表と連結財務諸表をどう使い分けるか………235

エピローグ　よい会社の条件

- 1　経営計画と経営戦略を読む…………………………………238
- 2　配当性向・配当率・配当倍率を読む………………………247
- 3　最近のよい会社とは…………………………………………250

CHAPTER 1

何のために会社を分析するか

1 大倒産時代の到来
2 経営者は自分の会社のことがわからない
3 投資する前に,投資先のことを知っておく
4 取引先は安心できるか
5 消費者の立場から見た会社のこと
6 就職先としての会社を知る
7 監査役の皆さん

1　大倒産時代の到来

大きな会社でも，倒産する時代になりました。

最近の倒産事例をみますと，会社の経営者や従業員でさえ，気をつけていないと直前まで自分の会社が倒産することにも気がつかないようです。

会社が倒産すると，会社の経営者はもちろん，従業員も取引先も，会社にお金を貸していた銀行や生命保険会社なども，大きな被害にあいます。

しかし，会社の倒産は，ある日，突然やってくるものではありません。少し気をつけていれば，かなり前から**経営がおかしくなる予兆**があるものです。

多くの場合，そうした**予兆**は，**会社の会計データ**に現れます。たとえば，「**売掛金が急激に増えた**」とか，「**返品や在庫が増えた**」とか，「**現金預金が急に減少した**」とか……社内にいれば誰でも気がつくことが多いのです。

ましてや，会社の監査役の皆さんなら，最も早く気がついてほしいですね。

本書がテーマとする**会社の分析**（経営分析）では，そうしたことから，主に，**会計のデータ**を扱っています。

会社が**倒産する前**に，何らかの**対策**をたて，可能であれば**倒産を回避**し，会社の建て直しをはかることができれば，倒産の悲劇を避け，損害・被害を最小限に抑えることができるかもしれないのです。

もっと積極的には，会社の経営を軌道に乗せ，事業を拡大して，業界のナン

バーワン企業になり，そして，**国際企業**になり，さらには世界の**リーディング・カンパニー**になるために，**経営分析の技法**を活用したいものです。

監査役の皆さんは，最も経営者に近いところにいるのですから，経営分析の知識を活用して経営者にいろいろなアドバイスができると思います。

以下，会社の経営分析が役に立つと思われるシーンごとに，経営分析がどのように役立っているかを，簡単に紹介したいと思います。

2　経営者は自分の会社のことがわからない

個人経営の店の場合でも，**証券取引所に上場**しているような大規模会社の場合でも，経営者が自分の会社がどうなっているのかを知らないケースが多いようです。

個人企業の場合は，**経理のことは公認会計士や税理士の先生にまかせきり**にしていることも少なくありません。また，大企業の場合は，規模が大きすぎて，**経営者が，わが身のことが把握できない**ことが多いようです。

しかし，会社の**会計データ**を少し気をつけてみていると，**わが社の現状**も，**最近の動向**も，さらには**問題点**まで見通せるのです。

たとえば，**月次の売上高の変化**とか，**電気代**（電力消費量）や**残業手当**，あるいは，**販売員交通費**などの増減をチェックするだけでも，製造部門や管理部門，販売部門の活動を把握することができるのです。

自分の会社のことですから，他人にまかせきりにせず，会計データを集めて，

自分の会社を分析してみることを勧めます。

---

3 投資する前に，投資先のことを知っておく

読者の皆さんが「**投資家**」だとしましょう。企業の**経営者**でも本業以外の「投資」を行う場合は同じです。**余裕資金**があるからといって，うわさだけを頼りに株を買ったり，最近のはやりだからといってろくに調査もせずにベンチャー・ビジネスに投資するのは，大けがのもとです。

会社の株を買うのなら，その会社について，ひととおりのことを調べてからにすべきです。

「あの会社は，どうも大型の新製品の開発に成功したようだ」，といった噂を信じて株を買ったところ，インチキ情報で，けっきょく大損したといった話は後を絶ちません。

大型の開発に成功するような会社は，2－3年前から，巨額の**研究開発投資**をしているはずです。そうした情報は，会社の**財務諸表**を見れば書いてあります。そうした情報を読まずに噂だけで投資先を決めるのは，サイコロを振って投資先を決めるようなものです。

賢い投資家は，投資しようと考えている会社について，**収益性**が高いかどうか，**安全性**（負債の返済能力）は十分かどうか，**将来の計画**はどうなっているか，その程度のことを調べてから投資先を決めるでしょう。そうした判断を適切にするには，**投資先の財務情報**を2－3時間も調べれば済むことです。

株を買うにしても，ベンチャー・ビジネスに投資するにしても，最低限，そ

Chapter 1　何のために会社を分析するか

の程度のことは自分で調べてみたいものです。

4　取引先は安心できるか

　これまでつきあいのなかった企業と，初めて取引に入るときは，慎重を要します。

　とくに，初めての取引先と，多額の**信用取引**（代金を後で受け取る約束で商品を販売する取引）を行うときは，できるだけ，相手先のことを調査してからにしたいものです。

　知り合いの企業と長い取引関係があるとか，地元で長年にわたって事業を営んでいるような企業であれば，めったなことはないでしょうが，あまりよく知らない企業から，有利な話を持ち込まれたり，大きな商談が入ったときは，十分に相手のことを調べてからにしないと，大けがをすることもあります。

　たとえば，海外の時計ブローカーから，日本の時計メーカーに，ファッション時計の注文が入ったとしましょう。価格などの取引条件がよいので，現地に人を派遣して契約を結び，製品を海外に発送したところ，代金の支払日になっても支払いがないので現地に問い合わせてみると，すでにブローカーの事務所は移転していて，どこへ引っ越したかわからない，などということもあるのです。

　また，**有名な会社と似た名前の会社**や**有名会社の子会社のような名前の会社**にも，気をつけなければなりません。飛び込みのセールスがきて，有名企業の製品を格安で現金販売しているなどというので，サンプルを見せてもらったら有名会社の作った本物であったので，現金を払って購入したところ，後日送ら

れてきた箱を開いてみたら偽物だったというようなことも絶えません。

　自分で調べている時間がなかったり，調べてもよくわからない場合には，信用調査のプロの手を借りることも必要です。

5　消費者の立場から見た会社のこと

　投資する立場からすれば，あまり儲けていない会社よりも儲けが大きい会社のほうがよいのは当然です。しかし，**消費者の立場**からすれば，そうともいいきれません。

　粗利益率が50％の店と30％の店があるとしましょう。50％というのは，売価の半分が粗利益だということです。50円で仕入れた商品を100円で売るのです。ぼろ儲けではないか，と思うかもしれませんが，生鮮食品や流行のある衣料品などは，だいたい粗利益率50％です。

　30％というのは，70円で仕入れた商品を100円で売るのです。50％に比べると，良心的な商売をしているように思えるかもしれません。どうせ買うならこっちの店，と考えるのではないでしょうか。

　この例からもわかるように，自分が儲ける立場（商売人・投資者）のときと，消費者としてお金を払う立場のときでは，評価が変わるのです。

　消費者の立場や市民としての立場からみると，独占的な事業で大きく儲けている会社とか，力任せに市場をわがものにする会社，あるいは，地域の小さな商店を廃業に追いやって大店舗を構えるような会社を，投資者と同じ目で見ることはできません。

本書では，企業の社会性，社会に対する貢献度を知るために，「付加価値の分析」をしています。

6　就職先としての会社を知る

最近では，いったん内定をもらった就職先から，内定を取り消されるようなことも珍しくないようになりました。しかし，就職シーズンが終わったころに内定を取り消されますと，新たな就職先を探して，たいへんな苦労をすることになります。

わたしは，ゼミの学生に，就職の面接を受ける前に，かならずその会社の財務データを分析して，収益性や安全性を調べるように勧めています。破綻が近いような会社に就職することだけは避けさせたいからです。

学生なら，将来，会社に勤めるだけでなく，資格を取って自分で仕事を始めるとか，親の仕事を引き継ぐとか，いろいろな道があります。どんな道を選ぼうとも，経済社会で生活する以上，誰かと経済的な取引をします。

たとえば，商品を仕入れたり販売したりする，製品を納入する，資金を借りたり貸したりするなど，どんな場合でも，相手となる企業のことを知っておく必要があります。

銀行や保険会社に就職すれば，**資金の融資先や投資先を選定**するために，会社を分析する仕事が待っているでしょう。証券会社が**投資先として推奨する会社を選ぶ**ためにも，それぞれの会社が**余裕資金を運用**するために株や社債を買うためにも，会社を分析することが必要です。

ですから，就職する会社を選ぶためにも，就職した後も，向かいの会社や隣の会社をいつも分析する必要があるのです。

「うちの会社」と「隣の会社」を比べてみよう
　「うちの会社」は儲かっているのだろうか。「隣の会社」は景気が良さそうだけど，うちと比べて，どうなのだろうか。

　仕入れた商品は，適正な価格で売られているのだろうか，従業員に支払っている給料は業界の平均と比べて高いのだろうか低いのだろうか，あの会社の製品はちっとも売れていないようだけど別の事業で儲けているのだろうか。

　会社の会計データを分析すれば，こうした疑問に簡単に答えがだせます。本書では，<u>隣の会社と比較するテクニック</u>をいろいろ紹介していますので，本書を読み終えたら，ぜひ，隣や向かいの会社を分析してみてください。

7　監査役の皆さん

　監査役の皆さんにとって「**わが社の健康診断としての経営分析**」は，「**わが社**」はもちろん，「**子会社**」「**取引先**」の健全性や収益性を知る上で，非常に重要なことです。
　以下にご紹介しますように，「経営分析」は決して難しい話ではありません。ほとんどの計算は，「足し算」「引き算」「掛け算」「割り算」，つまり，四則計算で済むのです。どうか，監査役の皆さんには「経営分析」を身近なテクニックとして，身につけて頂きたいと思います。

CHAPTER 2
会社を分析するには何を用意すればよいか

1　会社が作成するデータ（1次データ）
2　加工・分析されたデータ（2次データ）
3　会社や業界の情報

会社を分析するためには，(1)会社が作成して社会に公表している**経営内容や会計に関するデータ**，(2)会社が公表したデータを使いやすいように加工・分析した**２次データ**，(3)**業界の平均や同業他社などの比較数値**，(4)**会社や業界に関する情報・製品に関する情報**，などが必要です。

　以下，これを簡単に説明し，さらにこうした情報やデータをどこで手に入れられるかを紹介することにします。

　なお，本章の話は，経営分析を行う下準備であり，経営分析の技法を学ぶうえで必須の知識というわけではありません。したがって，次章以下を先に読んでから，必要に応じてここに戻ってきてもかまいません。

1　会社が作成するデータ（１次データ）

▷株式会社

　株式会社の場合は，会社法の規定により，決算期ごとに**計算書類**（**財務諸表**とほぼ同じ）を作成し，本店や支店に備え置くことになっています。株主や債権者は，こうした書類を閲覧したり，コピーをとったりすることができるのです。

▷上場会社

　証券取引所に**上場**しているような大規模会社の場合は，**会社法**の規定による情報公開に加えて，**金融商品取引法**の規定により，決算期ごとに，財務諸表を収容した「**有価証券報告書**」を作成し，これによって企業の活動内容を開示することが義務づけられています。

　上場会社が開示する有価証券報告書は，公開されている企業情報としては，

もっとも詳しいものです。経営者による営業状況の説明や生産計画，設備投資計画などが明らかにされているし，会計情報は公認会計士や**監査法人の監査**を受けていることから，他の情報源よりも信頼性が高いといえます。

有価証券報告書は，証券取引所の閲覧室で閲覧できますし，会社に直接請求すれば，無料で分けてくれる会社もたくさんあります。

最近では，インターネット上のホームページで決算公告や財務情報を公開する会社も増えてきました。上場会社の場合には，インターネットの検索で，「**EDINET**」「**エディネット**」と入力すれば，各社の決算情報にアクセスすることができます。簡単に，しかも無料で会社の情報にアクセスできますので，ぜひ一度試してみてください。

▷**非上場会社**

上場していない会社の情報を企業外部者が入手するのは，その会社の株主・債権者になるか，会社の好意によって「**事業報告書**」などを手に入れるか，会社以外のルートから入手するしか手はありません。

会社以外のルートについては，後で詳しく紹介します。

2 加工・分析されたデータ（2次データ）

▷**上 場 会 社**

上場している会社が開示する**有価証券報告書**を，第1次データまたは未加工データとすれば，これをもとにして**要約財務諸表**を作ったり**諸比率**を計算したデータは，第2次データまたは加工データと呼んでよいでしょう。

そうした第2次データとして一般に使われている主なものを紹介します。

日本経済新聞社『日経経営指標（全国上場会社版）』

　日経のNEEDS（総合経済データバンク・システム）に蓄積された上場会社のデータを，会社別に加工・編集したもの。

▷**非上場会社**

日本経済新聞社『日経経営指標（店頭・未上場会社版）』

　未上場の中堅会社約6千社について会社別に実数値・財務比率を収録したもの。非上場会社のデータは一般に入手が困難ですから，本書は貴重な存在です。ただし，法律制度による開示情報ではありません。

中小企業庁『中小企業の経営指標』

　建設業，製造業，販売業，サービス業のうち，主として中小企業によってその生産（加工）または販売が行われているものを調査対象業種とし，企業の経理が比較的整備されている企業群から，資本金と従業員数を条件に選定・集計した業種別データです。本書の姉妹書として『中小企業の原価指標』があります。

ＴＫＣ全国会システム委員会『ＴＫＣ経営指標』

　ＴＫＣ（会計事務所を地盤とする情報処理サービスの会社）の会員となっている公認会計士・税理士約5千名が税務の相談を受けている約40万企業から，10万程度の法人の財務諸表を抽出し，業種別に分析したもの。本書の財務データは，税理士・会計士が顧客から入手したコンピュータ入力データです。

帝国データバンク『全国企業財務諸表分析統計』

　同社が独自に収集・蓄積した58万社のデータベースにより，規模別・産業別に財務比率平均を掲載したもの。

3 会社や業界の情報

　企業が置かれている状況を知るには，単にその会社の事情だけでなく，産業界・日本経済さらには国際的な政治や経済の動きに関する情報も必要です。そうした情報は，新聞，テレビ・ラジオ，雑誌などから得られる場合も少なくありません。

　とりわけ，**日本経済新聞**，**日経産業新聞**，**日経金融新聞**，**日刊工業新聞**などの専門紙，**週刊エコノミスト**，**週刊ダイヤモンド**，**週刊東洋経済**，**プレジデント**，**NIKKEI BUSINESS**などの経済誌は，会社情報・業界情報の宝庫です。

　また，季刊の**会社四季報**，**日経会社情報**は，証券取引所に上場している会社（外国会社を含む）の他，上場予定会社，**店頭銘柄会社**など，約3千社の業績，財務指標，大株主，売上構成などをコンパクトな形で収録しており，比較的タイムリーに出版されることから，利用価値が高い。

　この他にも，決算数値を速報するもの，美容業・クリーニング店・旅館業・病院・外食産業・倉庫業などの特殊な業種の経営指標を収録したもの，付加価値の分析などに特化したもの，国際比較のためのデータを収録したもの，などがあります。これらのデータや資料については，次の文献を参照してください。

田中　弘著『経営分析の基本的技法（第4版）』中央経済社

CHAPTER 3
経営分析によって何を知ることができるか

1 会社は儲かっているかどうかを読むことができる
2 売上げの質を読むことができる
3 隣の会社と比べて，どっちが儲かっているかを知ることができる
4 会社は，どういう活動で儲かっているのかを読むことができる
5 会社は健全に成長しているかどうかを判定できる
6 会社の資本は有効に使われているかを判断できる
7 会社は借金を返す力があるかどうかがわかる
8 会社はどのくらい社会に貢献しているかが読める
9 会社は資金繰りがうまくいっているかどうかがわかる

1 会社は儲かっているかどうかを読むことができる

　会社は，会計のテクニックを使って，定期的に（半年ごとや１年ごとに）**決算書**を作成します。決算書には，**損益計算書**，**貸借対照表**（バランス・シート），**キャッシュ・フロー計算書**という３つの種類があります。３つの計算書については，次の章以下で詳しく述べることにして，ここではちょっとだけ内容を紹介します。

　損益計算書には，その期間にどれだけの商品が売れたか（**売上高**），その商品をいくらで仕入れたか（**売上原価**），商品を販売するのにどれだけの人件費（給与）や経費（電気代，通信費，輸送費など）がかかったか（**販売費及び一般管理費**）などが書いてあり，その営業活動の結果，どれだけの利益（**当期純利益**）があったかが計算されます。

　損益計算書の末尾のところには，こうしてその期間に稼いだ利益額が書いてあるのですが，その額を見ても，いくらの利益があったかはわかりますが，その額が会社にとって多いのか少ないのか，適正な額なのかはわかりません。また，使っている資本（元手，最初に投資した額）に見合うだけの利益なのかどうかも，わかりません。

　そこで，会計では，次のような計算をします。この計算には，損益計算書に書いてある利益の額だけではなく，**貸借対照表**に書いてある「**資本**」の額（総資本，株主資本）も使います。

$$総資本利益率 = \frac{当期純利益}{総資本} \times 100 \; (\%) \quad \cdots\cdots(1)$$

Chapter 3 経営分析によって何を知ることができるか

$$\text{株主資本利益率} = \frac{\text{当期純利益}}{\text{株主資本}} \times 100 \ (\%) \ \cdots\cdots\cdots(2)$$

　上の(1)では，会社がどれだけの資本を使って，当期にどれだけの利益を上げたかを，パーセントで示すものです。いわば，会社の**経営者の利益獲得能力**を示す指標といえます。(2)は，会社の持ち主，株式会社であれば**株主にとっての利益率**を計算するものです。株主は，(1)の利益率よりも(2)の利益率に強い関心を持っています。

　具体的な話をしましょう。株主が出した（これを拠出といいます）資本が100億円で，会社はほかに銀行から300億円を借りて営業しているとしましょう。1年間の営業から，当期純利益が20億円だったとします。

　この会社の**総資本利益率**と**株主資本利益率**を計算すると，次のようになります。

$$\text{総資本利益率} = \frac{\text{当期純利益}20}{\text{総資本}400} \times 100 \ (\%) = 5\% \cdots\cdots(1)$$

$$\text{株主資本利益率} = \frac{\text{当期純利益}20}{\text{株主資本}100} \times 100 \ (\%) = 20\% \cdots\cdots(2)$$

　こうした計算からは，この会社が**総資本利益率**からみると平凡な利益率の会社であるが，株主からみると非常に魅力的な会社であることがわかります。

2 売上げの質を読むことができる

　利益の額の良し悪しは，売上げの大きさとも関係しています。100億円の売上げがあるA社の利益が10億円だとします。他方，売上げが50億円ですが，利益は10億円という会社（B社）があったとしましょう。両社の売上げの質を見るには，次のような「**売上高利益率**」を計算します。

$$売上高利益率 = \frac{当期純利益}{売上高} \times 100 \,(\%)$$

　では，A，B両社の売上高利益率を計算してみましょう。

A　社

$$売上高利益率 = \frac{当期純利益10億円}{売上高100億円} \times 100 = 10\%$$

B　社

$$売上高利益率 = \frac{当期純利益10億円}{売上高50億円} \times 100 = 20\%$$

　A社は，100円売るごとに10円の利益が上がる会社ですが，B社は，100円の売上げがあるたびに20円の利益がでる会社です。どちらの会社が**売上げの質**（100円の売上げの中にどれだけの利益が含まれているか）がよいか，これでよくわかると思います。

Chapter 3 経営分析によって何を知ることができるか

3 隣の会社と比べて,どっちが儲かっているかを知ることができる

上で紹介した「**資本利益率**」と「**売上高利益率**」を使えば,自分が経営している(勤めている)会社と隣の会社を簡単に比較することができます。

自分の会社が隣の会社より成績が悪くてもがっかりしないで下さい。そのときこそ,本書を活用して,隣の会社,向いの会社より儲かる会社にして下さい。

4 会社は,どういう活動で儲かっているのかを読むことができる

会社は,いろいろな活動をします。商品を仕入れて販売する会社もあります。メーカーは製品を作って販売します。金融業のように,お金の貸し借りで利益を稼ぐところもあります。

会社がどういう事業(活動)で利益を上げているかは,**損益計算書**を見るとよくわかります。損益計算書には,どういう活動から利益が上がったかが示されています。たとえば,商品・製品を販売して得た利益(**売上総利益**)がいくらで,本業からの利益(**営業利益**)がいくらで,本業や金融活動から得た利益(**経常利益**)がいくらか,その期にとっては特別な損益を加減して計算した「**当期純利益**」はいくらになるか,が書いてあります。

5 会社は健全に成長しているかどうかを判定できる

会社が**成長期**にあるのか,**停滞期**あるいは**衰退期**にあるのかは,重要なことです。成長期にある会社の場合は,資金,人材,店舗などの拡張を見据えた計

画を立てなければなりません。停滞期や衰退期にある会社の場合には，撤退する事業の選択や人材の再配置やリストラを考えなければなりません。

　会社が成長期にあるかどうかは，**売上高**，**総資本**，**経常利益**，**従業員数**などの**変化**をみるとわかります。これらの数値が同じような比率で伸びている場合には，会社は健全な成長を遂げていると考えられます。

　しかし，売上高は伸びているのに当期純利益が減少しているという場合には，無理な販売（たとえば，**押し付け販売**）や利益を無視した販売が行われている可能性があるでしょう。

　総資本（投資）が増えているけれど売上げが増えていない場合には，投資の効果がいまだ現れていないか，その投資が無駄であったこともあります。

6　会社の資本は有効に使われているかを判断できる

　会社を始めるには，ある程度のまとまった**資金**（**資本**）が必要です。大きな規模の会社の場合は，株主（会社のオーナーに当たります）から資金（**株主資本**といいます）を集め，それだけでは足りないときには銀行や保険会社などから資金（**負債**といいます）を借ります。

　株主から集めた資金は「**自己資本**」，銀行などから借りた資金は「**他人資本**」とも呼びます。こうした呼び方は，会社のオーナーである株主の立場から資金の出所を説明したものです。株主が出した資金も銀行が出した資金も，会社を経営するときには同じ**資金**（**資本**）として使います。両者が出した資金の合計を「**総資本**」と呼びます。

会社は，総資本を使って，1年間にどれだけの利益を上げたかを，次のような「率」で表します。

$$資本利益率 = \frac{当期純利益}{総資本（＝自己資本＋他人資本）} \times 100 \, (\%)$$

たとえば，A社が株主から100億円，銀行から20億円の資金を集めて，1年間に6億円の利益を上げたとしましょう。この場合には，**資本利益率**は次のように計算します。なお，この式で分母に総資本を使っていますから，総資本利益率ともいいます。

$$\begin{array}{l}資本利益率\\（総資本利益率）\end{array} = \frac{当期純利益6億円}{総資本120億円} \times 100 \, (\%) = 5\%$$

これでA社が，1年間で，使った資本の5％に当たる利益を稼いだことがわかります。この5％という数値が利益率としてよい数値なのかどうかは，これだけではわかりません。この会社の**過去の成績**と比較したり，**同業他社の利益率**と比較したり，**業界の平均値**などと比べて，利益率の良し悪しを判断します。同業他社よりも高いとか平均を大きく上回っている場合には，この会社が資本を有効に活用していることがわかります。

7　会社は借金を返す力があるかどうかがわかる

会社に資金を出している銀行や，会社に商品などを納入している取引先は，貸したお金や商品の代金を会社が期限どおりに払ってくれるかどうかに強い関

心を持っています。会社が借金を払うことができる能力を，「**債務弁済能力**」といって，次のように計算します。

ここで「**流動資産**」とは，「**現金と，1年以内に現金に変わる資産**」をいい，たとえば，販売するために所有している商品や，値が上がることを期待して持っている有価証券などを指します。また，「**流動負債**」とは，「**1年以内に返済しなければならない負債（借金）**」を指しています。

$$流動比率 = \frac{流動資産}{流動負債} \times 100 \,(\%)$$

ここで計算する**流動比率**は，短期の負債（借金）をすぐに返すとしたら財源としての流動資産がどれくらいあるかを見るものです。この比率は，一般に，200％以上あることが望ましいといわれています。

監査役の皆さんが勤めている会社が，もしもこの会社と取引があって，商品を**掛**（代金は後で受け取る約束）で売るとしたら，後日に代金を払ってくれるかどうかを知ることは重要です。もしかして，この会社の流動比率が200％を大きく割り込んでいたら，掛で売った代金（**売掛金**といいます）を払ってもらえないかもしれません。取引に入る前に，取引先の流動比率を計算しておきたいものです。

■ 8 会社はどのくらい社会に貢献しているかが読める

現代の会社（株式会社）は，多くの人たちから小口の資金を集め（これで，大きな資金にできます），**限りある経済資源**（輸送に使う石油も，パンを作る小麦粉も，

Chapter 3　経営分析によって何を知ることができるか

有限の経済資源です）を使って企業活動を展開しています。ですから，現代の会社は「利益を追求」するだけではなく，「**資金や資源を有効に活用して経済社会に利益の一部を還元**」しなければなりません。

会社が，社会のどの方面に，どれくらいの貢献をしているかは，**付加価値を計算**するとわかります。

付加価値というのは，その会社が独自に作りだした価値，その会社の経営成果です。わかりやすい例として，いま，3人で雪だるまを作るとしましょう。Aさんが自分ひとりでバスケット・ボールくらいの大きさの雪だるまを作り，それをBさんに渡しました。Bさんはそれを，運動会のときに使う玉ころがしくらいの大きさにしてCさんに渡し，Cさんはアドバルーンほどの大きさにしたとします。この場合，A，B，C3人の付加価値は，それぞれが加えた雪の量です。

もう少し現実的な話をします。東さんが小麦粉を500円で仕入れてホットケーキを作りました。それを，喫茶店を営む西さんに，1枚80円で10枚，合計800円で売り，西さんは店にきたお客さんに1枚200円で売ったとします。

東さんは800円の収入がありましたが，その全部が東さんの企業努力の成果ではありません。800円のうち500円は小麦粉を作った人の努力の成果であり，東さんはこれに300円分の成果を積み上げたのです。これが東さんの成果，「**付加価値**」です。西さんは，1枚200円で10枚を売れば，2,000円の収入がありますが，そのうち800円は自分が努力した成果ではありません。したがって，西さんが生み出した付加価値は，2,000円－800円＝1,200円です。

会社が独自に生み出した価値（付加価値）は，その会社の**社会的貢献度**を表しています。社会のどういうところに貢献しているかは，付加価値の分配を見

るとわかります。

　会社は，独自に生み出した付加価値を，たとえば，従業員に（給料として），株主に（配当として），銀行などに（利息として），国に（税金として）分配します。こうした分配を見ると，その会社が社会のどこに，どれだけ貢献しているかが読めるのです。

9　会社は資金繰りがうまくいっているかどうかがわかる

　有名な会社でも大規模な会社でも，突然，倒産することがあります。倒産するのは，原因が２つあります。「**債務超過**」と「**資金ショート**」です。

　債務超過というのは，会社が持っている資産（総資産）では負債（借金）を返せない状態になることをいいます。**資金ショート**というのは，今日返さなければならない借金を資金が不足して返せない状態をいいます。債務超過になったかどうかは会社の経営者にしかわかりませんが，資金がショート（不足）したかどうかはすぐにわかります。

　資金がショートすると，会社が発行した手形や小切手が決済できずに「**不渡り**」となります。「**不渡り手形**」「**不渡り小切手**」を出しますと，どの銀行も取引先も取引を停止し，資金を引き上げますから，会社はたちまちにして営業ができなくなります。

　会社が作成する「**キャッシュ・フロー計算書**」を注意深く観察していますと，会社が「不渡り」を出しそうな予兆をつかむことができます。上に紹介した「**流動比率**」も，会社の資金繰りを読むためには役に立ちます。

　会計がわかると，まだまだ，いろいろなことを知ったり計算したりすること

Chapter 3 経営分析によって何を知ることができるか

ができます。たとえば、**工場別・製品別・地域別の損益を計算**すること、会社の**配当戦略**や**経営戦略**を読むこと、会社のリスク対応を知ること、いくら売れれば損しないか（**損益分岐点**）の計算、原価にいくらの利益を上乗せして価格を決めるべきかの計算などなど、会社のお金と損益に関することであればあらゆる計算ができるようになります。

　以上，「経営分析」を覚えると、何がわかるか、どんなことができるかを紹介してきました。それでは、次の章から、もう少し詳しく**経営分析の基本的な技法**を紹介したいと思います。どれも、**監査役の皆さんにとって役に立つ技法**です。特別に難しいものではありませんから、一読して頂いた後は、必要に応じて、本書を開いて頂ければ幸いです。

CHAPTER 4

会社は成長しているか

1 グラフ用紙（方眼紙）を使う
2 片対数グラフを使う

「大男，総身に知恵が回りかね」ともいい，また「小男の，知恵はあっても知れたもの」ともいいます。会社も大企業ともなれば小回りがきかなくなり，組織は硬直化，肥大化を招き，贅肉がつきます。**大企業病**が組織をむしばみ始めるのです。

中小規模の場合にはそうした心配はいりませんが，人材不足，カネ不足，ワンマン経営，権力集中，後継者難といった問題が山積みしています。

人間の場合は，いったん大男になった者は一生小男にはなれません。小男として成人した者は，大男のカッコ良さ，便利さをうらやむだけで，大男になることは夢の世界の話となります。

しかし，会社の場合はほんの少し事情が違います。大企業となったところは，大企業のまま朽ち果てるか，大幅に規模を縮小して生き長らえ起死回生を狙うか，営業の内容を全く変えて「復活」するか，のいずれかでしょう。石炭，鉄鋼，船舶，繊維といった，ひと昔前の花形産業の末路を見ればそのことがよく分かります。

御幸ホールディングスという会社を知っていますか。中核会社が**御幸毛織**です。この会社は最高級毛織のメーカーとして有名ですが，企業規模からいうと中規模（2009年度3月期，総資本227億円，売上高153億円，連結ベース）です。同社と同じ1918年（大正7年）に設立された**帝人**は，化繊・合繊の会社でしたが，創業直後から積極的に多角経営をすすめ，化粧品，石油，医療，教育，自動車販売などに幅広く手をのばしました。その後，1980年代に入って，繊維と医療，ＶＴＲフィルムなどの化成品を除いて，ほとんどの赤字事業から撤退し，同社は収益構造のリストラクチャリングに成功しています。

帝人は，古い，成長の望めない繊維業界から，医薬を軸にした，全く新しい

会社に再生しようとしているのです。2009年3月期現在，**帝人**は，総資本8,741億円，売上高9,434億円（連結ベース）で，**御幸毛織**の40倍から60倍の規模の会社になっています。

御幸毛織と**帝人**とでは，成長の点で全く異質です。**御幸毛織**の製品は高級毛織物（たとえば，高級紳士服地のミユキテックス。大方のサラリーマンには一生縁のない高級品です）を扱うことから，市場はかなり限られてきます。大量生産によって生産コストを下げ，消費を拡大する，といった製品ではありません。したがって，同社の場合は成長のテンポがたいへん遅いのです。

他方，**帝人**は，主力製品が大衆商品たる化繊・合繊であったこともあって，規模のメリット（スケール・メリット）を受けることができました。大規模になればなるほど，低価格の商品を市場に大量投入することができ，価格競争という面で有利になったのです。

本章とつぎの章では，主として**成長段階にある会社の分析**について述べます。**安定期**に入った会社とは全く違った分析が必要となるからです。成長期にある会社は，バイタリティに富むあまり，しばしば無茶な冒険もします。花形企業が突然倒産したりするのも，こうした成長期の会社に多いのです。本章ではまず，会社の**成長の実態**を把握するための諸方法について述べ，次章では，そうした**成長の健全性**を判断するための手法について述べます。

1　グラフ用紙（方眼紙）を使う

つぎの図表は，建売住宅や商業建築を展開するD工業の売上高と経常利益の推移です。

図表4－1　D工業の決算数値　　（単位：億円）

決　算　期	売　上　高	経　常　利　益
第53期	3,865	222
第54期	4,622	324
第55期	5,577	440
第56期	6,642	632
第57期	8,021	893
第58期	8,819	905

　この決算数値の推移を，普通グラフ（方眼紙）の上に描いてみますと，つぎのような折れ線グラフか棒グラフになるでしょう。

図表4－2　普通グラフによる売上高と経常利益の推移（D工業）

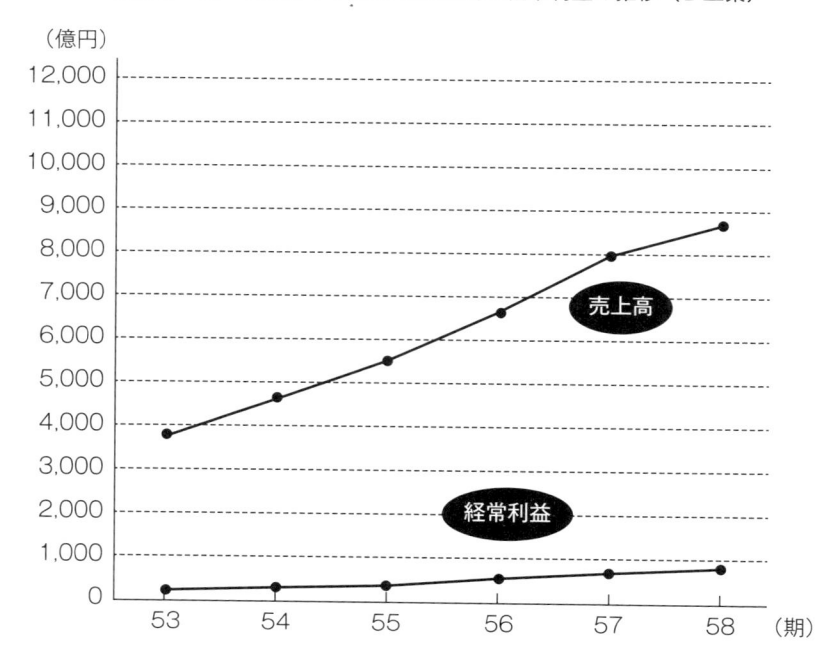

Chapter 4　会社は成長しているか

　このグラフでみる限り，D工業はこの6年間ほど順調に売上げを伸ばしましたが，その間，経常利益はあまり成長がなかったかのような印象を受けるでしょう。

　しかし，この6年間における売上高と経常利益の伸び率を計算してみますと，決してそうではないことが分かります。第53期と第58期の売上高と経常利益の成長性を計算してみましょう。

図表4－3　D工業の売上高と経常利益の成長性（単位：億円）

	第53期	第58期	成長性（倍）
売上高	3,865	8,819	2.28倍
経常利益	222	905	4.08倍

　つぎの図表は，もう少し詳しく，各期の**成長率**（前期に比べて何％成長したか）を計算したものです。

図表4－4　D工業の成長率

決算期	売上高（億円）	成長率(%)	経常利益（億円）	成長率(%)
第53期	3,865	—	222	—
第54期	4,622	19.5	324	45.9
第55期	5,577	20.6	440	35.8
第56期	6,642	19.0	632	43.6
第57期	8,021	20.7	893	41.2
第58期	8,819	9.9	905	13.4

　グラフで見ますと，売上高は急成長していますが，経常利益は横ばい状態に

見えます。しかし，成長率を計算してみるとわかりますが，実は経常利益のほうがはるかに急成長しているのです。

折れ線グラフから受ける印象と比率でみた成長性との間に，かなり大きなギャップがあることに気付くでしょう。どうしてこうした印象の差が生じるのか，次に数字を使って説明しましょう。

つぎの図表の数字は，A社とB社の5年間にわたる売上高の推移です。
いま両社の売上高の変化を，普通グラフ（方眼紙。縦軸と横軸に等分に目盛りがつけられたグラフ）で表わすと次頁のようになります。

図表4－5　A社とB社の売上高

年度	A社	B社
1	1,250億円	3,520億円
2	1,625	4,576
3	2,112	5,948
4	2,746	7,733
5	3,570	9,980

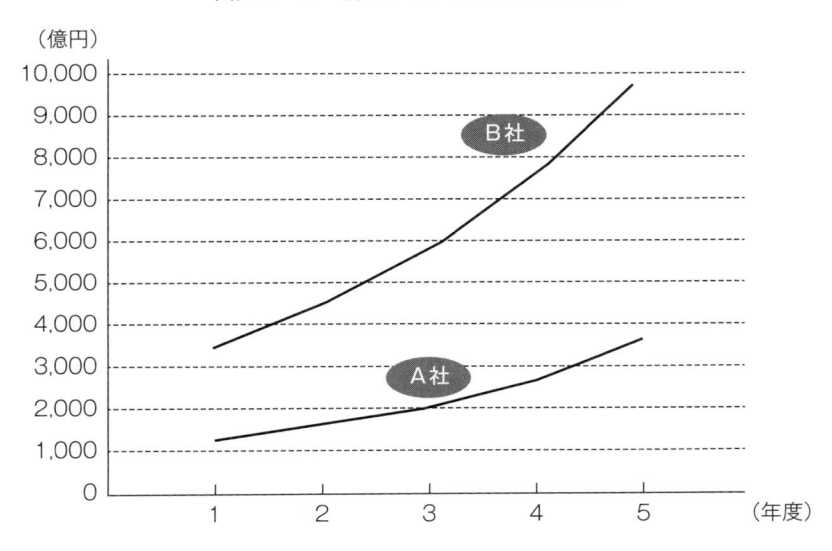

Chapter 4　会社は成長しているか

図表4－6　普通グラフによる成長の表示

(億円)
[グラフ：1～5年度のA社とB社の売上高推移。B社は約3,500億円から約9,700億円へ、A社は約1,200億円から約3,600億円へ成長]

　グラフからはA社とB社を比較した場合，B社のほうがはるかに急成長しているようにみえます。しかし，A，B両社の売上高の成長率はあまり違いません。実はこの数字は，A，B両社とも毎年30％ずつ売上高が伸びているように設定してあります。それが，普通グラフに表わすと，基準年度（第1年度）の金額の大きいほう（B社）が，金額の小さいほう（A社）よりも急成長しているように表現されるのです。

　なぜ，こんなことになるのでしょうか。それは，**普通グラフは絶対額の変化**を表わすことはできるのですが，**伸び率（変化率）**を表わすのには適さないからなのです。

　もう少しわかりやすい数字を使って説明しましょう。つぎの図表は，ある数字を2倍にしたものです。1の2倍は2，2の2倍は4です。

図表4－7

元の数	2倍の数
1	2
2	4
3	6
4	8

　いま，元の数を出発点（1期目）として，2倍にした数（2期目）がどういう傾きになるかを見てみましょう。

図表4－8　普通グラフによる表示

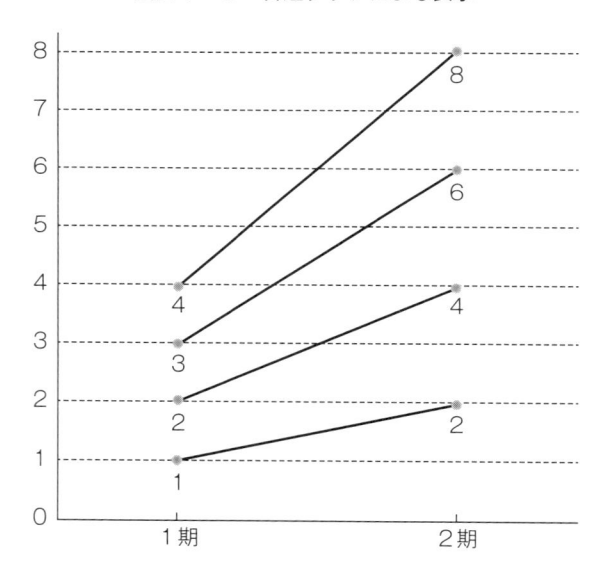

■ 2 片対数グラフを使う

　上のグラフからわかりますように，普通グラフでは，基準の年度（1期目）の金額が大きいほうが，金額の小さいほうよりも，急勾配になるのです。ですから，同じグラフ用紙の上で，2つの会社を比較したり，売上高と経常利益を比較しても，正しい比較はできません。

　それではどうしたら正しい比較ができるようになるでしょうか。少し大きい文房具店か理工系の学部がある大学の生協や購買部に行きますと，「**片対数グラフ**」という，ちょっと変わったグラフ用紙を売っています。これを使いますと，上に紹介したような誤解を避けることができます。

　片対数グラフは，つぎに示しますように，横軸は等間隔の**算術目盛**ですが，縦軸を**対数目盛**にしたものです。このグラフは，倍率が同じなら単位が違う数値の変化でも，同じ傾きとなって表わされます。

図表4-9　片対数グラフ

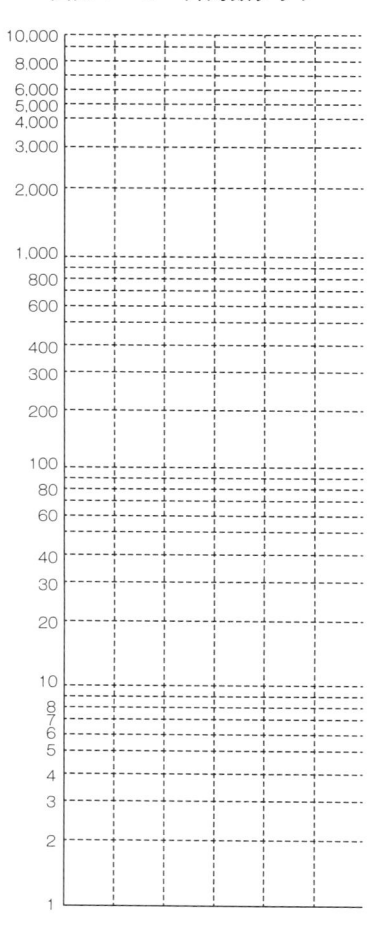

　縦軸の対数目盛は，原点を1としても10としても，100としてもよいのです。グラフ化する数値の大きさによって原点の値を決めればよいのです。目盛が1つ上がるごとに1，2，3，4，あるいは10，20，30，40，のように2倍，3倍と目盛の数字が変化し，位取りが変わるとそこからあらためて2倍，3倍となります。図の目盛りのように，1，2，3……10，となると，次からは20，

Chapter 4 会社は成長しているか

30, 40, のように変化します。

　上記のA，B両社の売上高の変化を片対数グラフで示してみます。金額が大きいので，原点を100としています。このグラフを使うとA，B両社とも売上高の増加傾向が同じであることがひとめで分かります。

図表4－10　片対数グラフによる表示（売上高）

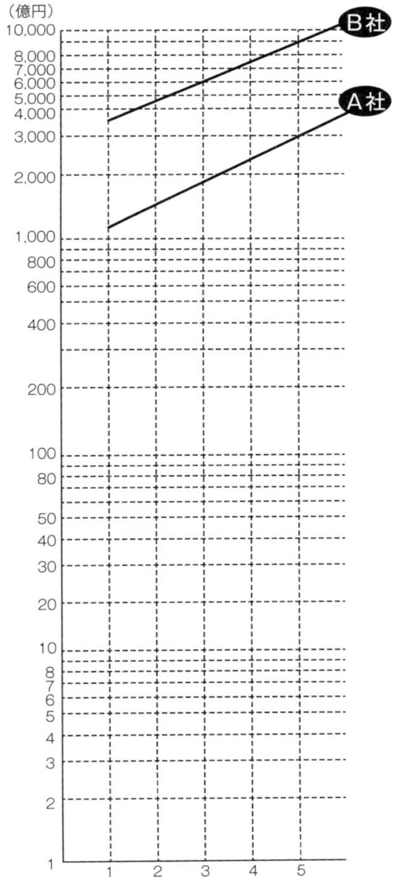

また，普通グラフは，ケタが大きく異なる２つの時系列データを比較するのにも適しません。たとえば，前出のＤ工業の売上高と経常利益の変化を１つのグラフに表わすとすれば，図表４－２のようなグラフ（前出）を作るのが普通でしょう。棒グラフであっても折れ線グラフであってもよいでしょう。しかし，よほどグラフを縦長に作らない限り，２つの数値（一方は数千億円から１兆円，他方は数百億円）は１つのグラフの中に収まりません。

　このグラフは，２つのグラフ（売上高のグラフと経常利益のグラフ）だとみれば誤解は生じないのですが，２つの時系列データの間に相関関係（たとえば，売上高と経常利益の成長速度に一定の関係があるかどうか）を求めようとすると誤った結論を引き出しかねません。Ｄ工業のグラフは，売上高が大きく変化しているのに対し，経常利益はほとんど変化していない印象を与えます。しかし，実際に比率を計算してみますと，グラフから受ける印象と全く違うのです。

　Ｄ工業の上掲グラフを，片対数グラフに作り直すと次のようになります。これで見ると売上高の増減よりも経常利益の増減のほうがおおきいことがひとめで読み取れます。普通グラフとの違いをもう一度見てください。

　もっとも，普通グラフが比率の変化を示すのに適さないという性格をうまく利用して，自分にとって都合のいいグラフを作ることができますし，世にそうしたグラフは掃いて捨てるほどあります。

Chapter 4　会社は成長しているか

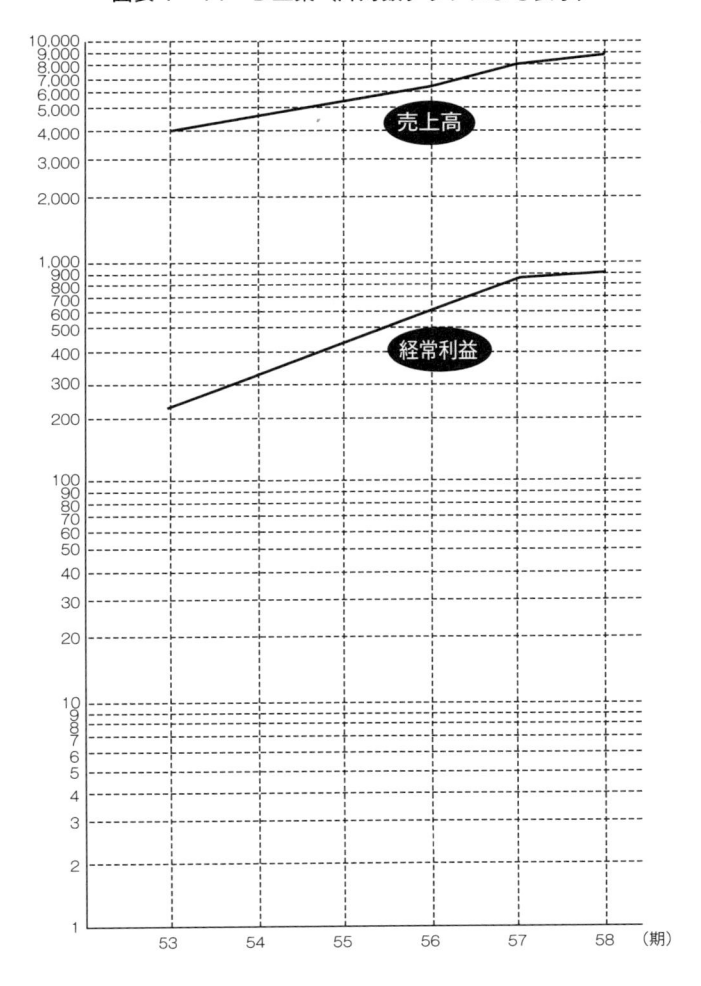

図表4−11　D工業（片対数グラフによる表示）

CHAPTER 5

会社の成長に無理はないか

1　成長性比較グラフ
2　増減（増分）分析

前の章では，会社の**成長性**を正しく把握するための方法として，片対数グラフの使い方を学びました。しかし，会社の売上高が順調に伸びていても，その売上げの増加がほとんど掛売り（後払い）の結果であったり，あるいは利益（もうけ）を度外視したシェア拡大政策の結果であったりする場合には，売上高増加はいずれあちこちに悪い影響を及ぼすでしょう。

　また，売上げが急増しているにもかかわらず，生産設備や人員は従来のままというのであれば，しばらくの間は高い利益を上げることができますが，近い将来，必ずや破綻を招くでしょう。

　そこで，本章では，会社の**成長性**（とくに**売上高の増加**）がどの程度健全であるかを判断するための幾つかの手法を紹介します。

1　成長性比較グラフ

　企業の成長を端的に表わすのは，①**売上げ**，②**総資本**，③**経常利益**，および④**従業員数**，の増加です。この４つの増加・減少のバランスがその企業の成長または規模縮小の健全・不健全を表わすといってよいでしょう。

　売上げは急速に増加しているのに経常利益は減少傾向にある場合や，売上げは伸びていないのに総資本や従業員数が上昇している場合，余剰人員を削減したにもかかわらず経常利益の増加がない場合，こうしたケースでは決して健全な成長は望めません。

　上の４つの項目が，前期に比べてどれだけ増減したか（**成長率**）を，１つのグラフにまとめるための図表が図表５－１と５－２です。２つのグラフは形が違いますが，同じように使います。

Chapter 5　会社の成長に無理はないか

図表5－1　成長性比較グラフ（1）

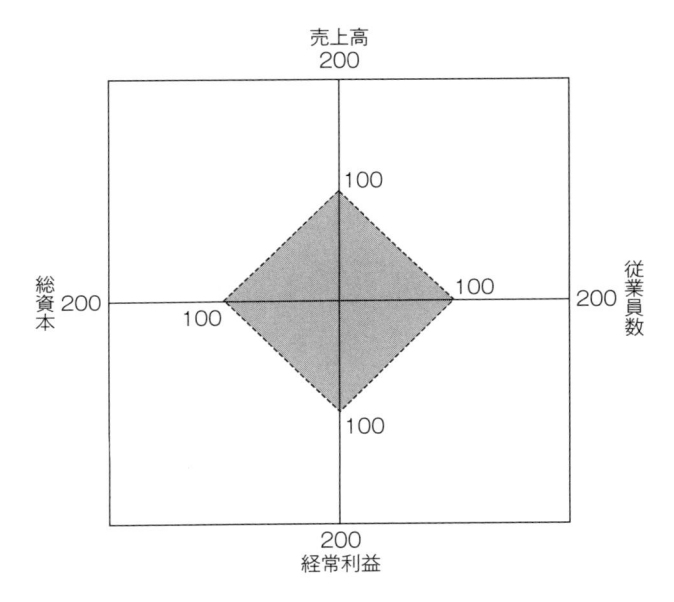

図表5－2　成長性比較グラフ（2）

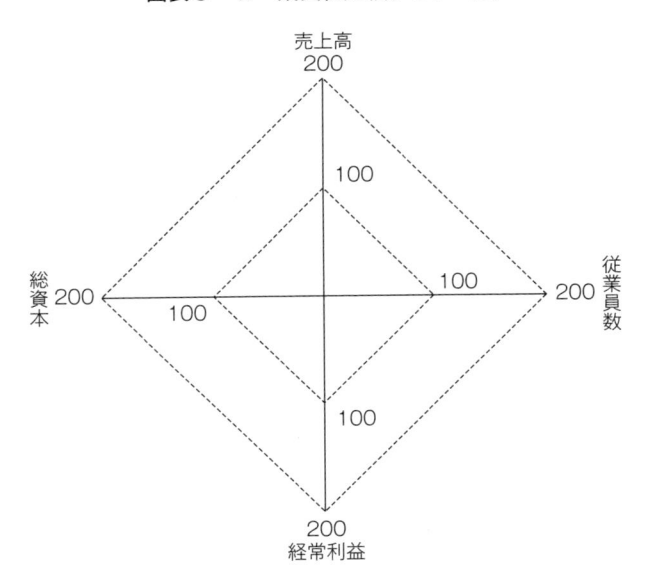

図表5－3は，**ユニクロ**を経営する**ファーストリテイリング**の2001年8月期と2008年8月期のデータです。この会社がこの7年間に，売上高，経常利益，総資本，従業員数からみてどれだけ成長したかはこの計算で分かりますが，これを図表5－4のように**成長性比較グラフ**に作り直してみると，ひとめでどれがどれだけ成長したかが分かります。

図表5－3　ファーストリテイリング

	売上高	経常利益	総資本	従業員数
01年8月期	4,185億円	1,032億円	2,534億円	1,598名
08年8月期	5,864	856	4,629	8,054
成長率	40.1%	－17.0%	82.6%	404%

図表5－4　ファーストリテイリングの成長性比較グラフ

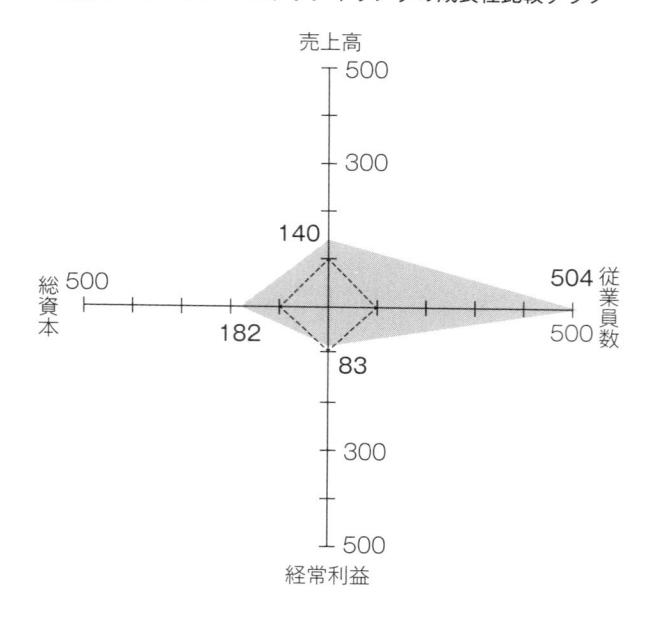

　図表5－5および図表5－6は，赤字転落直前の，衣料メーカーD社のデー

Chapter 5 　会社の成長に無理はないか

タです。ここでは，2009年7月期から2011年7月期までの3年間の変化が対象となっています。

図表5－5　D社のデータ

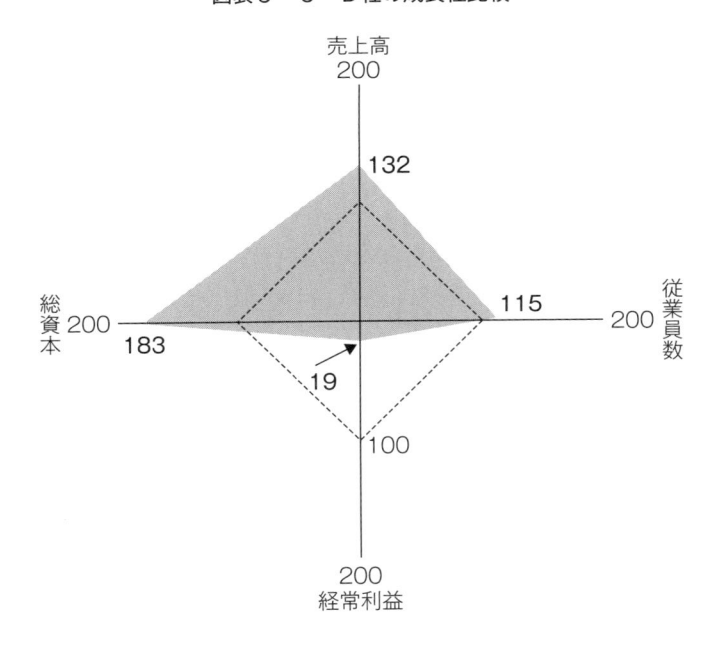

	売上高	経常利益	総資本	従業員数
09年7月期	794億円	64億円	575億円	1,139名
11年7月期	1,054	12	1,053	1,318
成長率	32％	－81％	83％	15％

図表5－6　D社の成長性比較

D社はたしかにこの3年間に売上げを伸ばしていますが，それはかなり無理をした売上げであったことが経常利益の大幅減少から読み取れます。この3年間で総資本が83％も増えていますが，その内容は，受取手形・売掛金（2009年

の264億円から2011年の523億円と倍増)，製品・商品(2009年は120億円，2011年は220億円，83％増)の増加です。

　受取手形・売掛金の異常な増加は，売れもしない商品を無理やり卸・小売商に押しつけた結果であり，製品・商品の増加は，その押しつけた商品が返品されてきたものです。したがって，この2つの数値の増加分約360億円の大部分は**不良在庫**とみてよいでしょう。

　D社の例からも明らかなように，売上げが伸びたからといって単純に喜ぶことはできません。その**売上高の増加**が，現金を対価としているのか，掛売りなのか，十分な利益の見込まれる売上げなのか，赤字覚悟の安売りなのか，自然な需要増によるものなのか，自社の販売努力が効果を上げたものなのか，といった質的なものも考慮する必要があります。

　上に紹介した成長性比較グラフを若干手直しして，図表5－7のようにデータを入れ替えることで問題点を発見することができます。

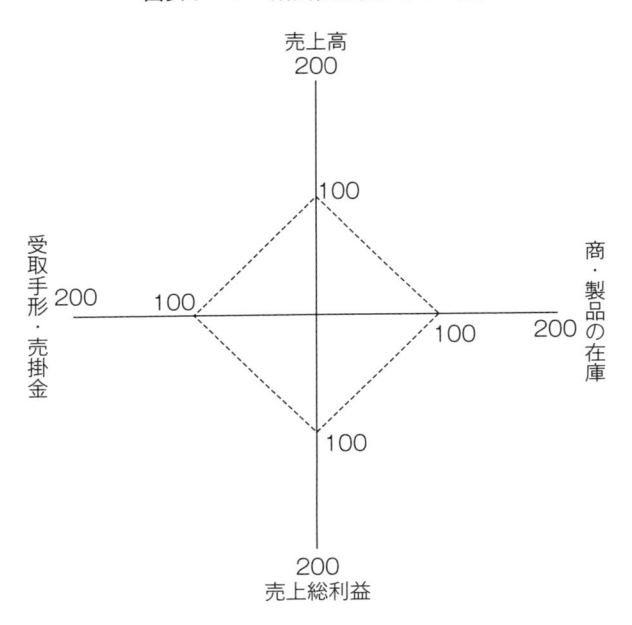

Chapter 5　会社の成長に無理はないか

図表5－7　成長性比較グラフ（3）

```
                    売上高
                    200
                     │
                    100
                    ╱│╲
                   ╱ │ ╲
受取              ╱  │  ╲              商
手  200  100   ╱   │   ╲   100  200  製
形  ────────────────┼────────────────  品
・             ╲   │   ╱              の
売              ╲  │  ╱              在
掛              ╲  │  ╱              庫
金               ╲ │ ╱
                  ╲│╱
                  100
                    │
                   200
                  売上総利益
```

　D社のデータを入れ替えたのが図表5－8で，それを使ってグラフを描いたのが図表5－9です。

図表5－8　D社のデータ

	売上高	売上総利益	受手・売掛金	在　庫
09年7月期	794億円	197億円	264億円	120億円
11年7月期	1,054	225	523	220
成長率	32%	14%	98%	83%

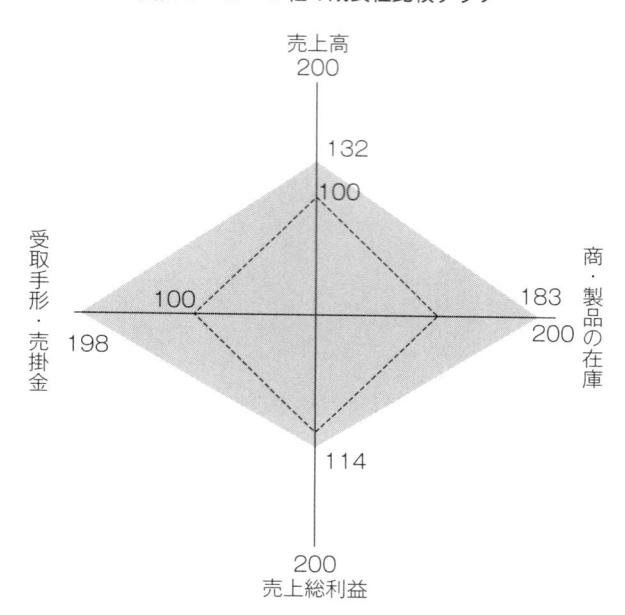

図表5-9　D社の成長性比較グラフ

```
              売上高
              200
              
              132
              100
受取                          商
手                           ・
形     100                183 製
・                          品
売   198              200  の
掛                          在
金                          庫
              114
              
              200
            売上総利益
```

　このグラフ（図表5-9）は，**上下の成長は歓迎すべき材料，左右の伸びは（上下の伸びより大きいときは）歓迎できない材料**，というように読みます。D社は売上げの増加の割に売上総利益（商品売買益）が伸びておらず，**利益なき売上増加**に走ったことが一目で分かります。しかしその売上げも，この図の左右の伸びをみれば，実に不健全で，いずれ代金の回収において泣きを見るか，返品の山と暮すことになることは明瞭です。

2　増減（増分）分析

　会社成長の健全性をもう少し詳しく分析する方法もあります。それをつぎに紹介しましょう。**増減（増分）分析**といいます。これは，過去のある数値（た

とえば売上高と経常利益）が，当期において金額的にどれだけ伸びたかを計算し，その増加額同士を比較するものです。

図表5－10のデータは，ハム・食肉業界に属する会社のものです。

図表5－10 ハム・食肉業界

	期	売上高 (億円)	経常利益 (億円)	売上高利益率 (％)
日本ハム	04年3月	9,260	195	2.1
	09年3月	10,284	61	0.59
丸大食品	04年3月	2,245	19	0.84
	09年3月	2,022	27	1.33
プリマハム	04年3月	2,622	46	1.7
	09年3月	2,766	50	1.8

売上高利益率は，100円売るたびに何円の利益が上がるかを計算するものです。この割合が高いほどその企業の収益性がよいということになりますが，ただし，もう1つ条件があります。それは元手（資本）の大きさ，または**資本の回転**です。

たとえば，A社もB社も今期は8,000万円の売上げがあって経常利益は800万円であったとしましょう。この限りでは，A，B両社の収益性は同じようにみえます。しかし，A社はこの事業を行うために1億円の資金を投入したのに対し，B社は1,000万円しか資本を使っていないとしたらどうでしょうか。

銀行に預金したときの利率は，

$$利率 = \frac{利息}{元金} \times 100 \, (\%)$$

で計算しますが，これと同じように企業へ投下した資本もその効率をみるには，

$$資本の効率 = \frac{利益}{資本} \times 100 (\%)$$

という計算をします。これを**資本利益率**と呼びますが，中味は銀行の預金利子率と同じです。上の例では，A社は1億円の元手で800万円の利益ですから，資本利益率は，

$$\frac{800}{10,000} \times 100 = 8\%$$

となります。銀行へ年利8％で預金したのと同じです。

B社は，元手が1,000万円で800万円の利益を上げたのですから，

$$\frac{800}{1,000} \times 100 = 80\%$$

となります。年利80％の預金などはありませんが，事業を営む場合はありうるのです。

Chapter 5　会社の成長に無理はないか

　このように企業の収益性を見るのには，売上高100円の中に十分な利益が含まれているかどうかと，資本の大きさに見合った売上高があるかどうか，を検討しなければなりません。この2つを同時に検討するために，しばしばつぎのような算式が使われます（この算式は，後で詳しく述べるように，資本利益率を分解したものです）。

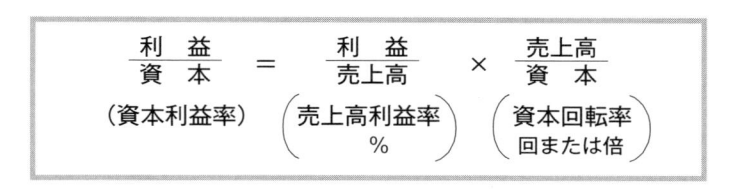

$$\frac{\text{利　益}}{\text{資　本}} = \frac{\text{利　益}}{\text{売上高}} \times \frac{\text{売上高}}{\text{資　本}}$$

（資本利益率）　　（売上高利益率 %）　　（資本回転率 回または倍）

　資本利益率は，元手とする資本が何％の利益を生み出したかを見るもので，他の企業の比率や銀行預金等の利率と比較し，投資対象の良し悪しを全体的に眺めるための「ものさし」として使われます。

　この比率を右辺のように書き直すと，100円の売上げに何円の利益が含まれるか（**売上高利益率**）と，資本の何倍の売上げを上げたか（**資本回転率**）が分かります。左辺だけでは，単に資本の効率が良いか悪いか，他と比べて高いか低いかしか分かりませんが，右辺をみると，比率の高い理由，低い原因が読み取れるのです。

　この算式を使って，もう1つ増減分析をしてみましょう。図表5–11は，**キッコーマン**のデータです。

図表5－11　キッコーマンの業績

期	売上高	経常利益	総資本
04年3月期	3,346億円	154億円	2,274億円
09年3月期	4,126	176	3,108
増減額	780	25	834
増減率	23.3%	16.2%	36.6%

キッコーマンの場合，2004年度に比べて2009年度は売上げを23.3％伸ばしましたが，利益は16.2％しか増えていません。

同社はこの間，総資本を834億円増やしています。この資本増加の効率はどうでしょうか。上と同様に，2004年度の**資本回転率**（回転ということばにまどわされないように。ここでは，単に使用した資本でその何倍の売上げを上げたかという意味でしかない）と，増加した資本と売上高の関係を計算してみましょう。

$$2004年度の資本回転率 \quad \frac{売上高3,346}{総資本2,274} = 1.47 \text{（倍, または回）}$$

$$2009年度の売上高利益率 \quad \frac{179（億円）}{4,126（億円）} \times 100 = 4.3 \text{（％）}$$

この計算から，資本の増加分は売上げの増加に十分に貢献していないことが分かります。

ただし，売上げの増加は，新規の投資だけを原因とするわけではありません。上にみたように，キッコーマンはこの間，利益を薄くして（犠牲にして）売上げを伸ばしているのですから，新規の投資と薄利多売政策によって売上げを伸ばしたといってよいでしょう。2004年度と2009年度の資本利益率は，結局，つ

Chapter 5　会社の成長に無理はないか

ぎのようになります。

$$2004年度の売上高利益率 \frac{154（億円）}{3,346（億円）} \times 100 = 4.6（\%）$$

$$2009年度の売上高利益率 \frac{179（億円）}{4,126（億円）} \times 100 = 4.3（\%）$$

この増減分析は，売上げの増加と売上債権（売掛金・受取手形）の増加が比例しているかどうか，広告費または設備の増加が売上げの伸びに結びついているかどうか，売上げの増加と賃金・給料の増加に相関関係があるかどうか，在庫の増加は売上水準の上昇によるものかどうか，などを検討するのにも有効です。

図表5－12のデータは，上で紹介した衣料メーカーのD社が最高の売上高（1,128億円）を記録した2008年7月期およびその2年前の2006年7月期のものです。

図表5－12　衣料メーカーD社

年度	売上高	売上債権	仕入債務
06年7月期	794億円	264億円	216億円
08年7月期	1,128	489	323
増（減）額	334	225	107

この2年間で売上高は42％の増加をみました。1980年度は大雑把にいって，売上げの33％（264÷794）が掛売りでした。ところが82年はそれが43％（489÷1,128）に急上昇するのです。売上げが増えた分の実に67％（225÷334）が掛売りされた結果です。

これは，**資金繰り**を全く無視したものです。その結果，仕入債務（買掛金，支払手形）の急増を招くことになりました。Ｄ社の製造原価（仕入原価）は，売価の75％程度です（06年75.14％，07年75.08％，08年75.73％）。つまり，75円で作ったものを100円で売っているのです。当社の商品は，約半分（金額で見て）は他の企業から仕入れ，残り半分を自製しています。

　そのため大雑把なことしかいえませんが，2006年の売上原価595億円（794×0.75）と仕入債務216億円の関係を見ると，仕入れたり作ったりしている商・製品の代金のうち，36％は掛になっている（まだ支払っていない）状態です。ところが2008年でみると，商・製品の代金（1,128×0.75＝846億円）のうち掛になっているのは38％（323÷846）と，わずか２ポイント上がっただけです。

　ただし，売上増加分に対応する仕入債務の増加で見ると，**掛仕入率**は42％となります。Ｄ社の場合，仕入先に泣いてもらったのではなく，得意先に無理やり買わせたのです。以上の計算から，そうした事実を容易に推理することができます。

CHAPTER 6

次期の売上高を予測してみよう

1 経営計画のスタートラインは売上高の予測
2 時系列データを用意する
3 スキャッター・グラフ法
4 最小2乗法（単純回帰分析）
5 移動平均法による売上高予測

1　経営計画のスタートラインは売上高の予測

　「1年の計は元旦にあり」といいます。何をするにも初めが肝心です。家計において大切なことは，その月（年）の収入の範囲内で生活することです。収入のあてもなくショッピングや消費を重ねていたら，すぐに家計は破綻します。企業も同じです。

　企業経営のトップ・マネジメントの皆さんは，**来期の経営計画**，3年計画，5年計画など，いろいろな経営計画を立案しなければなりません。経営計画を立てるにあたって，一番肝心なことは，その年（期間）の**売上高がいくらになるかを予測すること**です。売上げが増える見込みがたてば，店舗や倉庫を拡充したり，スタッフを増やしたり，仕入先（メーカー）に増産を依頼したり，場合によっては，新規の設備投資のために銀行から資金を借りたり，やるべきことが決まってきます。

　また，不幸にして売上げが減少するということが事前にわかれば，生産量を減らしたり，人員を整理したり，資金繰りのために有価証券や土地を売却したり，極端な場合は転業や廃業まで考えなければならないでしょう。

　近い将来の売上げをある程度正確に予測できるなら，企業はいっそうの拡大を図ることもできますし，倒産とか廃業といった最悪の場合を回避することもできます。

　監査役の皆さんにとっては，「わが社の経営計画」や「次期の売上高予測」が適正なものであるか，無理がないかどうかをチェックしておくことが重要です。

2 時系列データを用意する

　以下では，経営計画のスタートラインともいうべき「**次期の売上高を予測する**」ためのいくつかの方法を紹介します。

　首都圏を中心に家具を販売している「(株式会社)開運堂家具店」は，現在，10店舗，従業員（販売員）は540名です。この店の客には新婚の夫婦やマンションへの引っ越しに伴って家具を買い換える人たちが多いために，顧客の相談を受けながら販売する，いわゆる**対面販売**をしています。ですから，従業員一人当たりの売上高は，毎期，ほぼ一定しています。

　こうした販売方式の場合，売上げが増加すると見込まれる時期に従業員の数が足りないと，せっかくの顧客を他の店に奪われてしまいます。この会社では，次期（あるいはその数期先まで）の売上高がいくらになるかを正確に予測することができるかどうかが，経営を左右する重要なポイントになるのです。

　いま，開運堂家具店の最近5年間の売上高と販売員数が図表6-1のようであったとします。

図表6-1　売上高と販売員数の推移

	第25期	第26期	第27期	第28期	第29期
売上高	175億円	195億円	220億円	245億円	270億円
販売員数	355名	395名	435名	485名	540名

　つぎの年は開業30周年の年であり，少なくともこれまでの実績を上回る業績を上げることが期待されています。しかし，具体的にどれくらいの実績（売上高の増加）があるのかはわかりません。

この家具店の来期の売上高をどのようにして予測したらよいでしょうか。このように，過去の実績がある程度の期間についてわかっている場合には，以下に述べるように，次期の実績を予測するための方法がいくつか考案されています。

---

(1)　スキャッター・グラフ法
(2)　最小２乗法（単純回帰分析法）
(3)　移動平均法

　以下，これらの方法を紹介します。なお，売上高の変動のような時間的あるいは歴史的変数の動きのことを「**時系列**」と呼ぶこともあります。

3　スキャッター・グラフ法

　スキャッター（scatter）というのは，「まき散らす」という意味で，数期間のデータをグラフ上にプロット（点を打つ）することをいいます。**スキャッター・グラフ法**は，そのプロットを見て，その中から**一定の傾向や趨勢を読みとろうとする方法**です。

　いま，開運堂家具店の売上高をグラフ上にプロットしてみましょう。図表６－２は，縦軸に売上高をとり，横軸に期間をとって，各期の売上高をプロットしたものです。

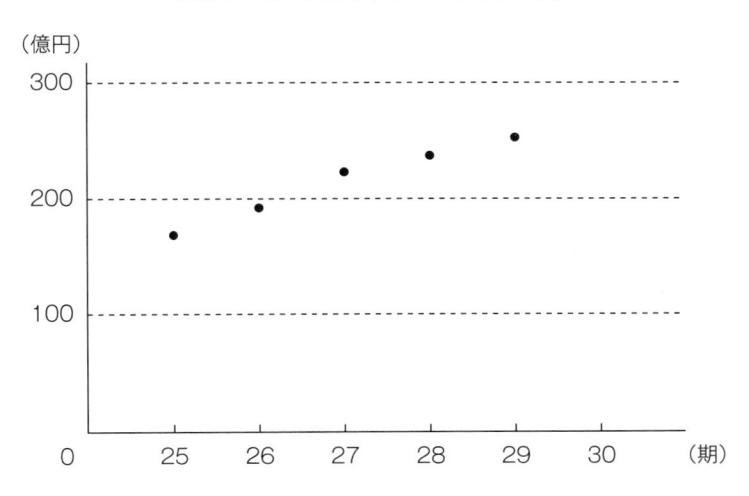

Chapter 6　次期の売上高を予測してみよう

図表6－2　スキャッター・グラフ（1）

　このプロットされた5つの点には**一定の傾き**が見られます。図表6－3は，プロットされた点に**傾向線**を書き入れたものです。この傾向線が第30期の縦軸を横切るところが，次期の売上高になると予想するのです。

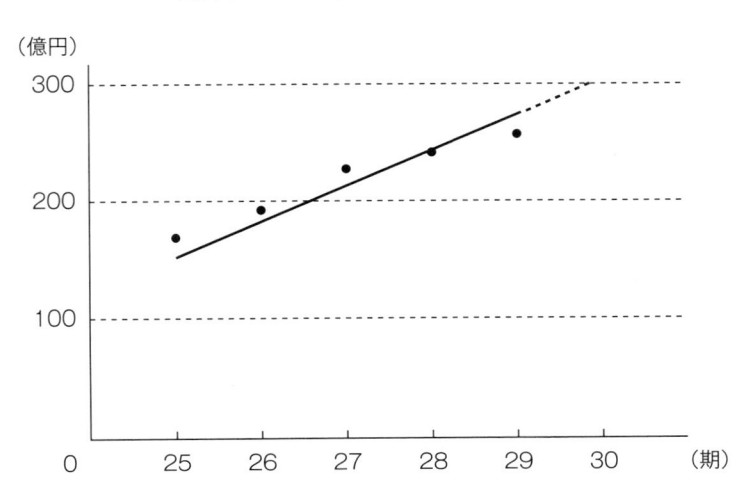

図表6－3　スキャッター・グラフ（2）

59

図表6－3を見ますと，第30期はだいたい縦軸の300億円あたりを横切っています。第29期では，販売員1名当たり5千万円の売上げでしたから，300億円の家具を売るには約600名の販売員が必要だということです。次期までには，あと60名の販売員を養成しておく必要があることがわかります。

　このスキャッター・グラフによる方法は，いつでも使えるものではありません。たとえば，ある会社の売上高の実績をグラフにプロットしたところ，図表6－4のようになったとします。

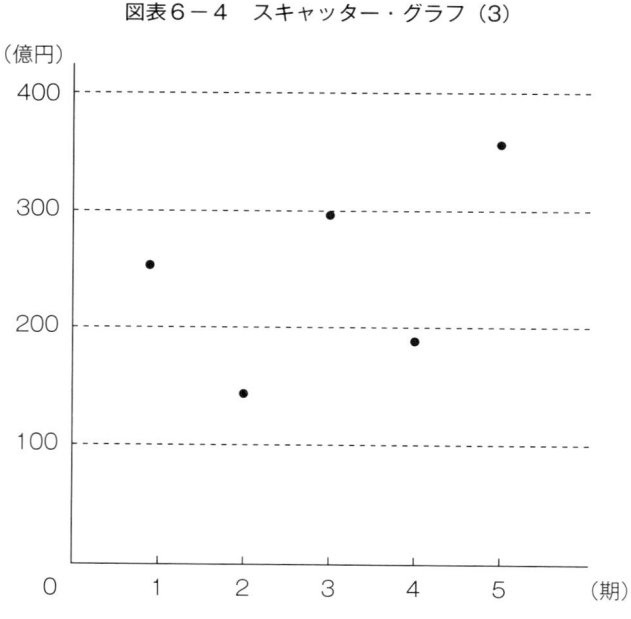

図表6－4　スキャッター・グラフ（3）

　一見してこの会社の売上げが期によって大きくばらついていることがわかります。こうした場合，傾向線を引こうにも，何本も考えられ，どれが正しい傾向線なのかわかりません。

Chapter 6　次期の売上高を予測してみよう

　後で紹介します**最小２乗法（単純回帰分析法）**という方法を使いますと，こうした場合でも，傾向線を数学的に求めることができます。しかし，こうして求めた傾向線を延長しても第６期の売上高を正確に予測することはできません。**スキャッター・グラフ法**にしろ**最小２乗法**にしろ，これらを用いて将来の売上高を予測するには，**過去のデータが有意味な傾向を持っていなければならない**のです。

　回帰分析での基本的な仮定は，データを分析して抽出された**変化のパターンは将来においても当てはまる**と考えることです。ですから，この仮定が妥当するかどうかが初めからわかっていない場合には，一度，スキャッター・グラフを描いてから，時系列データが有意味な趨勢を示していることを確かめて，さらに**最小２乗法を使って正確な予測値を計算**するかどうかを決めるとよいでしょう。

4　最小２乗法（単純回帰分析）

　上に紹介したスキャッター・グラフ法は，各期の売上高を時系列でグラフにプロットし，その傾向線を延長することによって次期の売上高を推計するものでした。

　しかし，この方法では，よほど大きなグラフを作らない限りプロットは目分量になり，傾向線も何本も考えられたり，さらに縦軸との交点（次期の売上高）が正確に読めないなどの欠点があります。

　こうした欠点を補うものとして，同一のデータを数学的に処理して次期の売上高を推計する方法があります。それが，**最小２乗法**です。今日では，これを利用した分析を「**単純回帰分析**」と呼ぶこともあります。

売上高の予測に単純回帰分析を適用する場合，売上高（従属変数）を y，独立変数 x に時間の経過を取り，$y=ax+b$ といった単純なモデル（回帰式）で売上高と期間の関係を表現します。b は縦軸の切片（最初の期の売上高）を表し，a は**趨勢**（傾き）を表しています。これは，もっとも簡単な計量経済学的モデルによる売上高予測です。

$y=ax+b$ から a と b の値を求めるには，つぎの**連立方程式**を解けばよいのです。

$$\Sigma y = a\Sigma x + nb$$
$$\Sigma xy = b\Sigma x + a\Sigma x^2$$

いま，街道筋でガソリンスタンドを経営しているA社の最近5年間の売上高が図表6－5のとおりであったとします。

図表6－5　A社の売上高　　（単位：億円）

年度（x）	売上高（y）
1	843
2	999
3	1,224
4	1,422
5	1,710
計（Σy）	6,198

この数値をもとに最小2乗法を適用するのに必要な計算表を作成したのが図表6－6です。なお，ここでnは，使うデータの数，つまり年数ですから，5を代入します。

Chapter 6 次期の売上高を予測してみよう

図表6－6 最小2乗法の準備

t	ty	t^2
1	843	1
2	1,998	4
3	3,672	9
4	5,688	16
5	8,550	25
Σ	15	20,751	55

上の数式に数値を代入してみます。

　6,198＝15a＋ 5b………(1)

　20,751＝15b＋55a………(2)

(1)式を3倍して(2)式から引くとbが消えてaが求められます。

これから，b＝592.5，a＝215.7が求められます。したがって，この傾向線は

　y＝215.7n＋592.5

となります。この式を使って第6期の売上高を予測しますと，

　y＝215.7×6 ＋592.5

　　＝1,886.7（億円）

となります。

5　移動平均法による売上高予測

　もう1つ，予測の方法を紹介します。ここでは，売上高を予測していますが，いずれの方法も，**人件費の予測**にも，**販管費の予測**にも，傾向線を引くことができるデータが手に入るものなら何の予測にも使えます。

移動平均法は，与えられた時系列の各期について，その期までの一定期間の平均値を計算し，それらの平均値を結んだ曲線をもって傾向線とする方法です。1期間が終わるたびに，もっとも古い期間の実績値をはずして，今期の実績値を加えて算定し直すところから，**移動平均法**と呼ばれています。

　なお，**平均値を出す方法**として，上に説明したような，ある期までの数期間の平均を求める方法と，ある期を中心として前後数期間の平均を求める方法があります。たとえば，1期から5期（1期は1年）までのデータがあるとします。第4期において3年平均による売上高予測値を求めるには，第1期から第3期までの実績値を合計して3で割る場合が前者であり，後者では，第3期から第5期までの実績値を合計して3で割って第4期の売上高予測とします。

　前者には，データをすばやく更新できるメリットがあり，かつ，短期に，次期の予測が可能だというメリットもあります。後者には，当期以降の新しい傾向を加味することができるというメリットがあります。

　ただし，後者では，傾向を知ることはできるけれども，予測する期（上の例では第4期）が終了してさらにつぎの期（第5期）が終了しないと，予測値を出せないというデメリットがあります。もとより，後者の方法は，長期的なデータから傾向線を求めるものですから，これを欠点と呼ぶのは適切ではないかもしれません。

　いま，新興住宅地で米屋を経営している「新米屋」の，過去2か年間の月次の売上高が図表6－7のようであったとします。

Chapter 6 次期の売上高を予測してみよう

図表6-7 新米屋の月次の売上高 （単位：万円）

×1年 月	売 上 高	×2年 月	売 上 高
1	243	1	409
2	255	2	401
3	275	3	437
4	283	4	458
5	300	5	472
6	306	6	495
7	325	7	531
8	328	8	562
9	354	9	619
10	365	10	662
11	380	11	649
12	418	12	701

　新興住宅地ですから，住人は今後も増加傾向にあると予想され，売上高の推移いかんによっては，配達のための人手や車両も増やさなければなりませんし，店舗も現在の位置から中心部へ移転することも検討しなければなりません。こうした場合の売上高予測は，失敗すると企業の命取りになりかねません。

　最初に，この売上高のデータが有意味な傾向を持っているかどうかを判断するために，**スキャッター・グラフ**を描いてみます。図表6-8と6-9の2つのグラフは，データ2年分をプロットしたものと，そのプロットに傾向線を引いたものです。

図表6-8 「新米屋」の売上高

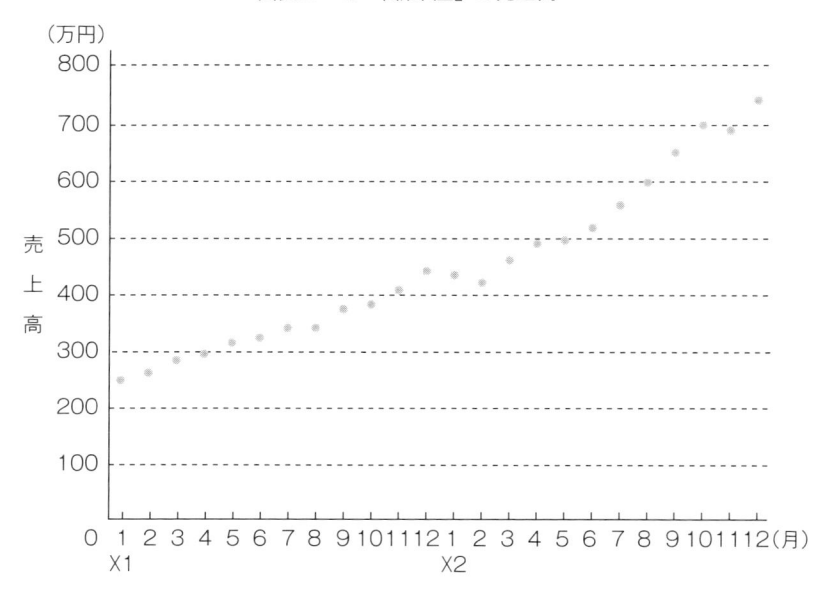

図表6-9 「新米屋」の売上高と傾向線

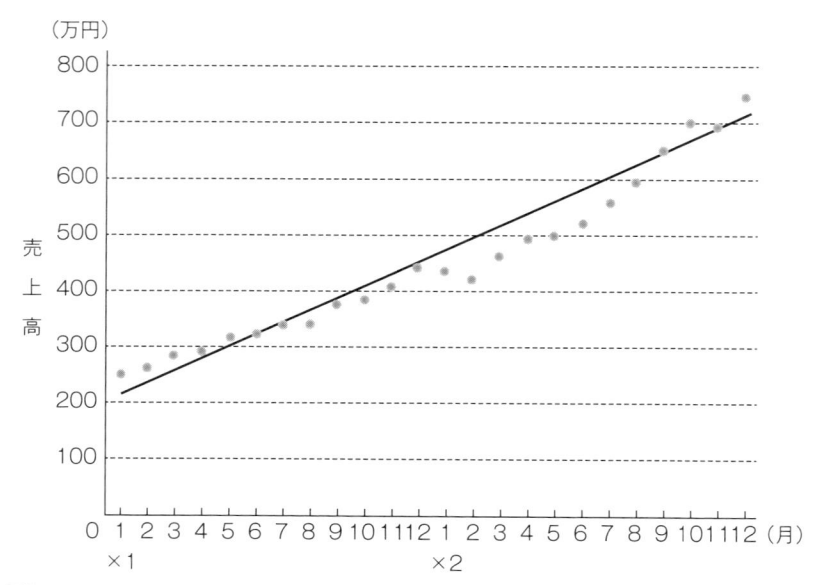

Chapter 6 次期の売上高を予測してみよう

　スキャッター・グラフからは，この「新米屋」のデータは回帰分析によって趨勢を見ることが有意義であることを示していると考えられます。そこで，このデータを使って，**移動平均法による次月の売上高予測**がどの程度の精度で行われるかを見てみましょう。

図表6－10　移動平均法による売上高予測

年　月	売上高	3か月移動平均		
		予　測	誤　差	誤差の%
X1年1	243			
2	255			
3	275			
4	283	257.6	－26	－10.0%
5	300	271.0	－29	－10.7%
6	306	286.0	－20	－6.9%
7	325	296.3	－28.7	－9.6%
8	328	310.3	－17.6	－5.6%
9	354	319.6	－34.4	－10.7%
10	365	335.6	－29.3	－8.7%
11	380	349.0	－31	－8.8%
12	418	366.3	－51.7	－14.1%
X2年1	409	387.6	－21.3	－5.4%
2	401	402.3	－1.3	－0.3%
3	437	409.3	－27.7	－6.6%
4	458	415.6	－42.4	－10.2%
5	472	432.0	－40	－9.2%
6	495	455.6	－39.4	－8.6%
7	531	475.0	－56	－11.7%
8	562	499.3	－62.7	－12.5%
9	619	529.3	－89.7	－16.9%
10	662	570.6	－91.4	－16.0%
11	649	614.3	－34.6	－5.6%
12	701	643.3	－57.6	－8.9%

ここでは，まず，最初の3か月（×1年1月−3月）の売上げを合計して，その平均をつぎの期間（×1年4月）の売上高予測とするのです。つぎに，5月の売上高は，2月から4月までの売上高平均をもって予測値とします。

　こうして**予測値**を計算して，それと**実績値**を比べてみますと，予測の誤差はほぼ10％程度の期が多いことに気がつきます（図表6−11）。「新米屋」は，当初の見込みのとおり，ほぼ順調に売上げを伸ばしているのですから，過去の数値を単純に平均して予測値としていたのでは，趨勢の後追いになってしまうだけです。

　そこで，いま，移動平均法で求めた次期（次月）の予測額を一定額だけ割り増しして予測値とすることを考えてみましょう。この2か年間の平均月売上げは426万円，誤差の平均は月34.7万円です。したがって，平均の誤差は8％ということになります。

　この計算の結果を使って，いま，毎月，移動平均法によって予測された売上高を8％増しにして仕入れることにすると，どうなるでしょうか。これを計算したのが，つぎの図表6−11です。

図表6−11　移動平均法による売上高予測（修正）

年　月	売上高	予　測	誤　差	3か月移動平均 修正予測	誤　差	誤差の%
X1年1	243					
2	255					
3	275					
4	283	257.6	−26	278.2	−4.7	−1.6%
5	300	271.0	−29	292.6	−7.4	−2.5%
6	306	286.0	−20	308.8	2.8	0.9%
7	325	296.3	−28.7	320.0	5	1.5%
8	328	310.3	−17.6	335.1	7.1	2.1%
9	354	319.6	−34.4	345.1	0.1	0.0%
10	365	335.6	−29.3	362.4	−2.5	−0.6%
11	380	349.0	−31	379.6	−3.0	−0.7%
12	418	366.3	−51.7	395.6	−22.3	−5.6%
X2年1	409	387.6	−21.3	418.6	9.6	2.3%
2	401	402.3	−1.3	434.4	33.4	7.7%
3	437	409.3	−27.7	442.0	5.0	1.1%
4	458	415.6	−42.4	448.8	−9.1	−2.0%
5	472	432.0	−40	466.5	−5.4	−1.1%
6	495	455.6	−39.4	492.0	−3	−0.6%
7	531	475.0	−56	513.0	−17	−3.3%
8	562	499.3	−62.7	539.2	−22.7	−4.2%
9	619	529.3	−89.7	571.6	−47.4	−8.3%
10	662	570.6	−91.4	616.2	−45.7	−7.3%
11	649	614.3	−34.6	663.1	−14.1	−2.1%
12	701	643.3	−57.6	694.7	−6.2	−0.8%

この計算結果をみますと，×2年の1月と2月に若干の仕入れ超過が予想されますが，あとの期間は，ほぼ不足気味です。在庫切れを起こしますと，販売するチャンスを失うだけでは済みません。顧客の信用も，リピート度も影響してきます。

　わが家の近くの米屋さんで，お米だけではなく，ジュース類も，サラダオイルも，ビールも配達してくれるというチラシを新聞に折り込んだところがありました。お米もビールもジュースも，重たいものばかりです。

　車で買い物にでかける人はいいとしても，最寄りの店で買い物をするときには，重いものは避けがちです。それを，配達してくれるというのですから，家庭の主婦にとってはありがたいことです。早速，わが家でも電話してみました。

　配達を頼むモノをメモしておいてから電話しました。ビールもジュースもありましたが，肝心のお米は，わが家が希望する「無洗米」はありませんでした。せっかく，「環境に優しい」という無洗米を買おうとしたのですが，それを扱っていないとすれば，この店には2度と注文しないと思います。

　このとき，この店で電話を受けた店長なり店員が，ちょっと気を利かして，すぐに無洗米を仕入れ，わが家に「無洗米が入荷しました」とでも電話してくるようなら，この店はきっと繁盛します。

　在庫切れを起こしたときの損失は，販売のチャンスを1度失うといったことでは済まないのです。お米という商品は，生活の必需品であるだけではなく，短期に品質が劣化するわけでもないので，多少の「**安全在庫**」を抱えることも必要です。「新米屋」の場合は，3か月移動平均による売上高予測値に，最低でも10％から12％くらいを割り増しして仕入量を決めるのがよいと思われます。

CHAPTER 7
売上げの季節変動を読む

1　移動合計グラフ
2　Zグラフを描く

デパートの売上げは6月と12月，盆と暮にピークがあります。家庭電化製品の小売店のピークもほぼ同じ時期ですが，こちらは盆と暮ではなく，クーラーや暖房器具の需要とボーナスの支給時期が合致しているためです。

　清涼飲料水やビールは夏場に強く，灯油，日本酒，毛糸などは冬にピークが来ます。菓子や乳製品，寝具のように比較的変化の少ない，季節性の薄い商品もあります。

　季節変動のある商品・製品を扱っている企業の場合，たとえば月次の売上高を調べることによってその変動の大きさをつかむことができますが，果たしてその変動が趨勢的にみて上向きなのか下向きなのかはつかみにくいものです。

1　移動合計グラフ

　移動合計およびそのグラフは，こうした季節性のある企業の趨勢を見るのに適しています。**移動合計**というのは，その月から遡って1年間の売上高のことで，この合計額が**増加傾向**にあるか**低落傾向**にあるかを見ます。

　図表7－1のデータはA社の最近2か年間の月次売上高，売上高累計および過去1年間を遡って算出した年間売上高（これを**移動合計**という）です。例えば20×2年1月の移動合計（6,600）というのは，20×1年2月から20×2年1月までの1年間の合計（350＋300＋…700）です。

Chapter 7　売上げの季節変動を読む

図表7-1　売上高累計と移動合計（単位：億円）

年　　月	月売上高	累　　計	移動合計	傾　向
20×1年1	600	600		
2	350	950		
3	300	1,250		
4	300	1,550		
5	450	2,000		
6	600	2,600		
7	750	3,350		
8	800	4,150		
9	650	4,800		
10	400	5,200		
11	500	5,700		
12	800	6,500		
20×2年1	700	700	6,600	↗
2	650	1,350	6,900	↗
3	450	1,800	7,050	↗
4	400	2,200	7,150	↗
5	450	2,650	7,150	→
6	500	3,150	7,050	↘
7	450	3,600	6,750	↘
8	400	4,000	6,350	↘
9	350	4,350	6,050	↘
10	500	4,850	6,150	↗
11	750	5,600	6,400	↗
12	500	6,100	6,100	↘

　この2か年間の**月別売上高の変動**をグラフにしたものが，図表7-2です。このグラフからは，20×1年度は典型的な夏・冬型を示しているのに対し，

20×2年度は，年初の出足は好調ながら夏の売上げが全く伸びず，秋から冬にかけて盛り返していることが読み取れます。

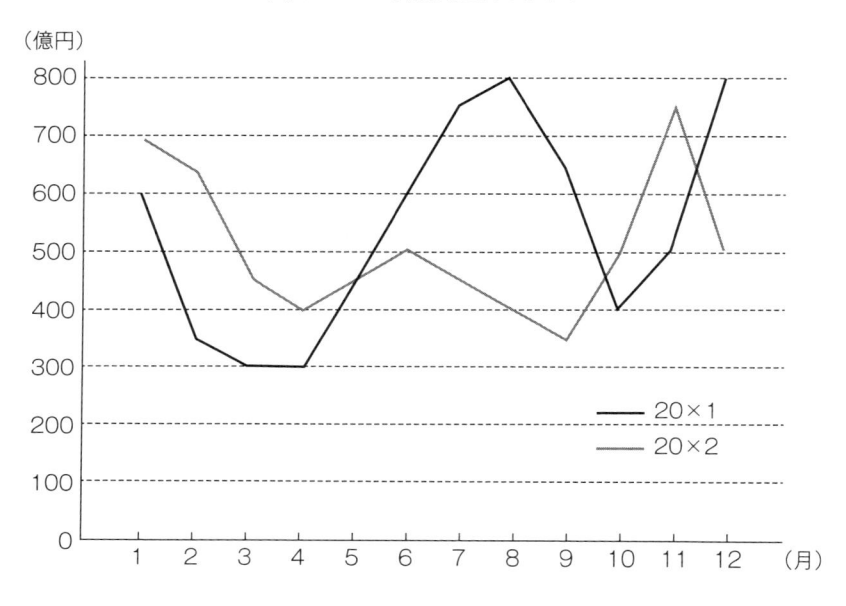

図表7－2　月別売上高のグラフ

しかし，このグラフは季節変動を示すには都合がよいが，それが強調されすぎて，趨勢（トレンド）としての売上げの上昇・下落をつかみにくいようです。

売上高の趨勢を知るには，図表7－3に示すような**売上高累計**のグラフを作るとよいでしょう。

Chapter 7 売上げの季節変動を読む

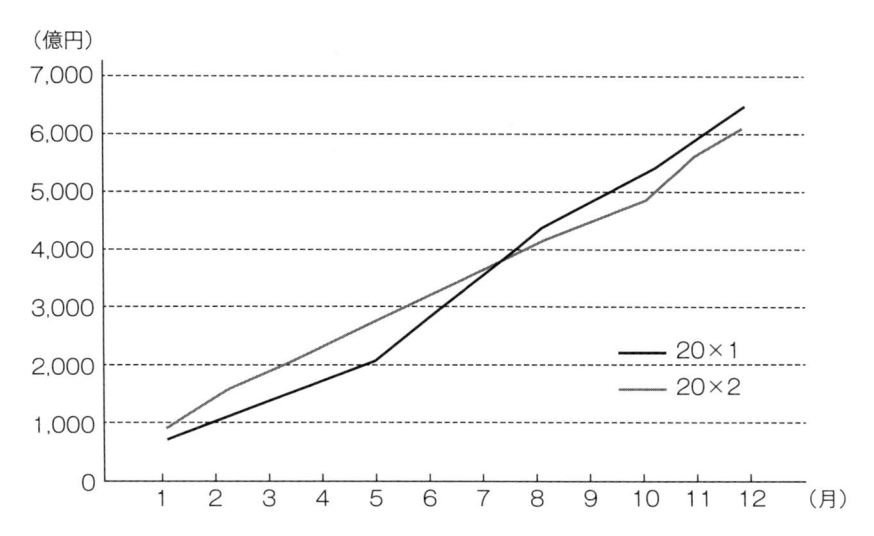

図表7－3 売上高累計のグラフ

（億円）

凡例：20×1、20×2

　これは１月の売上高をスタート地点として，次に２月の売上高を加算して２月までの累計を求め，さらに３月分を加えて３月までの累計を出します。これを12月まで繰り返して作成します。このグラフからは，20×2年の売上高は，１月から７月までは前年より増加傾向にあったが，８月に累計で前年を下回り，10月，11月は前年同月より売上げを伸ばしたものの，結局，１年トータルでは前年に追いつかなかった状況が容易に読み取れます。

2　Zグラフを描く

　以上の２つのグラフ（月別売上高のグラフと売上高累計のグラフ）を１つのグラフにまとめ，さらに，その月から遡って１年分の売上高を計算した**移動合計売上高**を加えたものが，図表７－４です。

図表7－4　Zグラフ（20×2年）

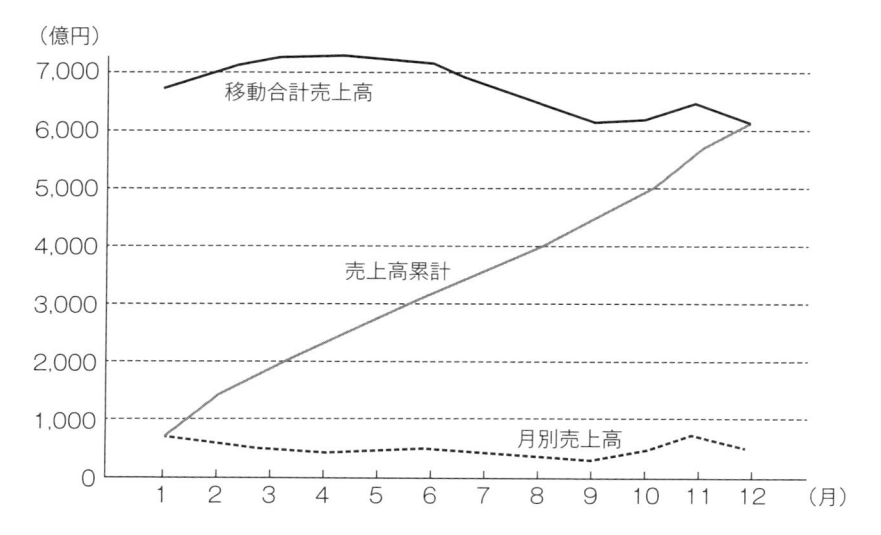

 このグラフは全体がZの形になるので**Zグラフ**といいます。月別の売上高は金額が小さいためにその変化が分かりにくいのですが，**移動合計売上高**のラインを見ると，その企業が**成長期**にあるか，**安定期**にあるか，あるいは**衰退期**にあるかが分かります。この**ラインが右上りにあればこの企業は成長期**にあり，**水平に近ければ安定期**に，**右下りならば衰退期**にあるということになります。

 このグラフは売上高全体でみるよりも，商品別，地域別，営業所別，販売員別などにして作成したほうが効果的なことが多いようです。

CHAPTER 8
会社は収益性の高い事業をしているか

1 「もうかりまっか」
2 「もうかりまっか」を数字で表せば
3 総資本利益率は経営者にとっての利益率
4 自己資本利益率は株主にとっての利益率
5 もうけはどうやって計算するのか
6 ROEとROAを分解してみよう
7 売上げの質を見る

1 「もうかりまっか」

　関西商人のあいさつは,「もうかりまっか」で始まるといいます。「もうかりまっか」というのは,単純に利益が大きいかどうかを訊いているのではなさそうです。**小さな元手で,大きなもうけ**を上げているかどうかも訊いているのです。

　「もうかりまっか」と声をかけますと,「あきまへんなぁ」とか「ボチボチですわ」とか,まれには「おかげさんで…」といった返事が返ってきます。返事の仕方や表情を見ますと,どれくらいもうかっているのか,関西の商人同士ならわかるようです。

2 「もうかりまっか」を数字で表せば

　この「もうかりまっか」に対する返事を,計数的に捉えようとするのが,「**資本利益率**」というものです。

　元手をどれだけ使って,どれだけの利益を上げたかをパーセンテージで示すものです。**資本の効率**といってよいでしょう。

$$資本利益率 = \frac{利　益}{資　本} \times 100 (\%)$$

　この計算は,預金や貯金の利息を計算するのと同じです。

Chapter 8 会社は収益性の高い事業をしているか

$$金利 = \frac{利息}{元本} \times 100 \, (\%)$$

資本ということばは,いろいろな意味で使われます。経済学では,資本財などといって固定設備を表していますし,基金や資金の意味で使われることもあります。

会計で「資本」というときは,「モノ」ではなく,「金額」を意味します。会社の資金は,大きく分けて,会社の所有者である株主と,会社にお金を貸している債権者が出しています。株主が出した資金を「**自己資本**」あるいは「**株主資本**」と呼び,債権者が出している資金を「**他人資本**」と呼びます。

会社の所有者から見れば,自分が出した資金は「自己資本」であり,債権者のような他人が出した資金は「他人資本」なのです。

会社の貸借対照表には,左側に所有する財産を,右側に財産を手に入れるための資金の出所が書かれています。右側には,資本を誰が出したかが書かれているのです。

貸借対照表

| どのような資産を持っているか | 総資産(財産) | 他人資本 | 誰が資金を出したのか |
| | | 自己資本(株主資本) | |

3　総資本利益率は経営者にとっての利益率

　他人資本と自己資本を合計した金額が，「**総資本**」と呼ばれます。この金額は，会社が持っているすべての財産と金額的に同じですから，「**総資産**」の金額と一致します。

　2009年度（2008年4月から2009年3月）において，**資生堂**は，6,065億円の総資本を使って，520億円の利益（経常利益）を上げました。

$$総資本利益率 = \frac{利\ \ 益}{総資本} = \frac{520（億円）}{6,065（億円）} = 8.75（\%）$$

　この期間，**ライオン**は，総資本が2,451億円，利益が76億円でした。

$$総資本利益率 = \frac{利\ \ 益}{総資本} = \frac{76（億円）}{2,451（億円）} = 3.10（\%）$$

　総資本利益率は，株主が出した資本と借金（他人資本）を元手として，どれだけの利益を上げたかを，パーセンテージで示したものです。平易なことばで表現しますと，**100円を元手として，1年間に何円のもうけがあったかを示す**のです。

　資生堂は，資本100円について，1年間に8.57円，**ライオン**は3.10円の利益を上げたことになります。

Chapter 8 会社は収益性の高い事業をしているか

　経営者にしてみますと，株主が出した資本も銀行や保険会社などから借りた他人資本も，同じ資本です。みなさんが買い物に出かけたとき，財布の中に入っている1万円札が，自分のお金なのか友人から借りたお金なのかは関係なく，支払いをするでしょう。経営者も，株主の資本なのか銀行などからの借入金なのかを問わず，同じ資金として経営に使うのです。

　そうした意味では，**総資本利益率は，経営者にとっての利益率**ということができます。**経営者の総合的な収益獲得能力を見る指標**ともいえます。

　図表8－1は，製薬会社の総資本利益率を計算したものです。

図表8－1　製薬会社の総資本経常利益率（2009年3月期）

	総資本（億円）	経常利益（億円）	利益率（％）
武田薬品工業	27,601	3,271	11.8
アステラス製薬	13,484	2,714	20.1
塩野義製薬	5,018	320	6.3
エーザイ	11,481	825	7.1
大正製薬	5,915	399	6.7

4　自己資本利益率は株主にとっての利益率

　これとは別に，**株主にとっての利益率**を計算することもできます。この場合は，資本として**株主資本（自己資本）**を使い，また，利益としては税金を払った後に残る額，「税引き利益」を使います。株主にとって一番関心があるのは，すべての費用（税金も含めて）を支払った後の，株主に分配される利益だからです。

$$総資本利益率 = \frac{税引き利益}{自己資本} \times 100 (\%)$$

資生堂の場合は，つぎのようになります。

$$株主資本利益率 = \frac{税引き利益}{自己資本} = \frac{193(億円)}{3,372(億円)} = 5.72(\%)$$

ライオンはつぎのようになります。

$$株主資本利益率 = \frac{税引き利益}{自己資本} = \frac{30(億円)}{981(億円)} = 3.05(\%)$$

　以上の比率から何がわかるでしょうか。資生堂は，会社としては1年間に100円を元手にして8.57円をかせぐ力がありましたが，投資家（株主）から見ますと，100円投資すると1年間で5.72円の利益が上がる会社だということがわかります。

　ライオンは，会社としては1年間に100円について3.10円かせぐ力があり，株主・投資家としてみますと100円投資して1年間に3.05円の利益を上げる会社だということがわかります。

5　もうけはどうやって計算するのか

　では，会社の利益はどのようにして計算するのでしょうか。

　会社の利益の素は，商品や製品の売上代金です。**売上高**といいます。売上高から，商品の仕入代金や製品の製造原価を差し引くと，おおざっぱな利益が計算できます。これを経営者は**粗利益**とか**荒利**と呼びます。会計では**売上総利益**と呼んでいます。「仕入・製造・販売活動の利益」といってもいいでしょう。

　粗利益とか**総利益**という表現を使うのは，まだ差し引いていない費用が他にあるからです。たとえば，従業員の給料，店舗の家賃，電気代や電話代，広告費などです。こうした費用を，「**販売費および一般管理費**」と呼びます。

　売上高から商品・製品の原価を引き，さらに販売費および一般管理費を差し引きますと，その会社の**本業の利益**を計算することができます。**トヨタ自動車**や**日産自動車**であれば，自動車やその部品の製造・販売によって得られた利益です。本業の利益を「**営業利益**」といいます。「**主たる営業活動による利益**」という意味です。

　会社は，主たる営業活動とともに，従として，**金融活動**を行います。たとえば，営業に必要な資金を，銀行から借りたり，株式や社債を発行して調達したりします。また，一時的に余裕がでた資金を株式などの有価証券に投資して配当収入を得るといった活動です。こうした活動の損益を「**営業外損益**」と呼びます。「**主たる営業以外の活動からの損益**」という意味です。

　「主たる営業活動による利益」に，この営業外損益を加減（営業外収益をプラスし，営業外費用をマイナス）しますと，**その年のトータルな利益**が計算されます。これを「**経常利益**」といいます。

ここまでの計算の過程を示したのが，図表8－2の**損益計算書**です。

図表8－2　損益計算書の構造

```
       損　益　計　算　書
売上高                    100
  売上原価(－)              60
    売上総利益              40   ←粗利益
販売費・一般管理費(－)       20
    営業利益                20   ←本業の儲け
営業外収益(＋)              15
営業外費用(－)               8
    経常利益                27   ←平常的な利益
```

いろいろな段階で利益を計算するのは，会社の営業活動とその成果を，正確に把握したいからです。本業で大きな利益を上げていながら，金融活動で失敗した会社もあります。逆に，本業では利益を出せないけれど，金融活動で利益を上げている会社もあります。図表8－3は，ビール各社の売上高と利益の数値です。

図表8－3　ビール会社の売上高と利益（2008年12月期）（連結データ）

	売上高（億円）	営業利益（億円）	経常利益（億円）
アサヒビール	14,627	945	964
キリンビール	23,035	1,459	1,030
サッポロビール	4,145	146	105

また，粗利益をたっぷりかせいでいながら，販売費や一般管理費がかさんで利益を出せないでいる会社もあります。利益をいろいろな段階で計算しますと，「仕入・製造・販売活動」が効率的であったのか，本業全体の「営業活動」がよかったのか，「金融活動」がよかったのか，そうしたことがわかります。

郵 便 は が き

料金受取人払郵便

落合支店承認

4079

差出有効期間
2017年2月12日
(期限後は切手を
おはりください)

161-8780

東京都新宿区下落合2-5-13

㈱ 税務経理協会

社長室行

お名前	フリガナ			性別	男 ・ 女
				年齢	歳

ご住所	□□□-□□□□ TEL ( )

E-mail	
ご職業	1. 会社経営者・役員　2. 会社員　3. 教員　4. 公務員 5. 自営業　6. 自由業　7. 学生　8. 主婦　9. 無職 10. 公認会計士　11. 税理士　12. その他（　　　　　）
ご勤務先・学校名	

部署		役職	

ご記入の感想等は、匿名で書籍のPR等に使用させていただくことがございます。
使用許可をいただけない場合は、右の□内にレをご記入ください。　　□許可しない

ご購入ありがとうございました。ぜひ、ご意見・ご感想などをお聞かせください。
また、正誤表やリコール情報等をお送りさせて頂く場合もございますので、
E-mail アドレスとご購入書名をご記入ください。

この本の タイトル	

Q1　お買い上げ日　　　　年　　　月　　　日
　　ご購入　　1．書店・ネット書店で購入（書店名　　　　　　　　　　　　）
　　方　法　　2．当社から直接購入
　　　　　　　3．その他（　　　　　　　　　　　　　　　　　　　　　　　）

Q2　本書のご購入になった動機はなんですか？（複数回答可）
　　1．店頭でタイトルにひかれたから　2．店頭で内容にひかれたから
　　3．店頭で目立っていたから　　　　4．著者のファンだから
　　5．新聞・雑誌で紹介されていたから（誌名　　　　　　　　　　　　　）
　　6．人から薦められたから
　　7．その他（　　　　　　　　　　　　　　　　　　　　　　　　　　　）

Q3　本書をお読み頂いてのご意見・ご感想をお聞かせください。

Q4　ご興味のある分野をお聞かせください。
　　1．経営　　　2．経済・金融　　　3．財務・会計
　　4．流通・マーケティング　　　　　5．株式・資産運用
　　6．知的財産・権利ビジネス　　　　7．情報・コンピュータ
　　8．その他（　　　　　　　　　　　　　　　　　　　　　　　　　　　）

Q5　カバーやデザイン、値段についてお聞かせください
　　①タイトル　　　　　1良い　2目立つ　3普通　4悪い
　　②カバーデザイン　　1良い　2目立つ　3普通　4悪い
　　③本文レイアウト　　1良い　2目立つ　3普通　4悪い
　　④値段　　　　　　　1安い　2普通　　3高い

Q6　今後、どのようなテーマ・内容の本をお読みになりたいですか？

ご回答いただいた情報は、弊社発売の刊行物やサービスのご案内と今後の出版企画立案の参考のみ
に使用し、他のいかなる目的にも利用いたしません。なお、皆様より頂いた個人情報は、弊社の
プライバシーポリシーに則り細心の注意を払い管理し、第三者への提供、開示等は一切いたしません。

Chapter 8 会社は収益性の高い事業をしているか

6 ROEとROAを分解してみよう

上に紹介した**総資本利益率**は、"ROA"（return on assets）と呼ばれ、**株主資本利益率**は、"ROE"（return on equity）と呼ばれます。ROEやROAを計算すると、総資本や自己資本の効率がわかります。

今年の利益率は去年より上昇したとか、となりの会社よりいいとか、そういうことがわかります。しかし、利益率が向上しても悪化しても、この計算だけでは、なぜ良くなったのか、なぜ悪くなったのか、といったことがわかりません。結果は知ることができても、原因がつかめないのです。

そこで、**資本利益率を分解**してみることにします。ここでは、総資本を使います。総資本利益率は、つぎのとおりでした。

$$総資本利益率 = \frac{利 益}{資 本} \times 100 \, (\%)$$

この式の分母と分子を売上高で割り、かけ算に直しますと、つぎのようになります。

$$総資本利益率 = \underset{(売上高利益率)\,(\%)}{\frac{利 益}{売上高}} \times \underset{(資本回転率)\,(回数,\,倍数)}{\frac{売上高}{資 本}}$$

式を分解しますと、**売上高利益率**と**資本回転率**に分けることができます。

85

売上高利益率というのは，100円の売上げ（売価）の中に，何円の利益が含まれているかを％で示したものです。この数値を見ますと，100円の中に利益が十分に含まれているかどうかがわかります。「売上げの質」を見る指標にもなります。

　資本回転率というのは，総資本の何倍の売上げがあったかを示すもので，倍数で計算されます。総資本が１年間に何回転したかという意味でもありますので，**資本が回転した回数**といってもいいでしょう。

7　売上げの質を見る

　同じ商品（製品も同じ）を売っても，いくらで売れたかによって，質のいい売上げとそうでない売上げがあります。たとえば，仕入れ値が80円の商品を100円で販売するのと120円で販売するのとでは，利幅（粗利益）が倍も違います。**売上げの中にどれだけの利益が含まれているか**を示すのが，上で紹介した**売上高利益率**です。もう一度，算式をみてみましょう。

$$売上高利益率 = \frac{利　益}{売上高} \times 100\ (\%)$$

原価80円の商品を100円で販売した場合の利益率
$$= \frac{20}{100} = 20\%$$

　80円の原価に20円の利益を上乗せ（これを**マークアップ**といいます）して100円

Chapter 8　会社は収益性の高い事業をしているか

で，たくさんの商品を売ろうとするのを「**薄利多売**」といいます。薄利多売の道を選ぶか，たくさんは売れなくても１個について40円の利益を上乗せして利幅の大きな商売をするかは，資本の何倍の売上げがあるか（これは資本回転率といいました）によっても変わります。図表８－４は，製薬会社の売上高利益率を計算したものです。

図表８－４　製薬会社の売上高経常利益率（2009年３月期）

	売上高（億円）	経常利益(億円)	利益率(%)
武田薬品工業	15,383	3,271	21.2
アステラス製薬	9,656	2,714	28.1
塩野義製薬	2,275	320	14.0
エーザイ	7,817	822	10.6
大正製薬	2,561	399	15.5

　また，**売上げの質**は，**現金取引**か**掛売り**かによっても違います。現金売りは資金の回収という面から見ると一番安全です。資金繰りに失敗することもありません。しかし，顧客（お得意さん）とのつきあいを長く保ちたいなら，むしろ，掛売りのほうがよいともいえます。現金取引の客は，いつ取引先を変えるかわからないからです。

　同じ**掛売りでも，回収するのに長い期間がかかる場合**は，質のいい売上げとはいえません。そこで，掛けで売られた商品代金が，１年間で何度回収されたか，また，その代金が回収されるのに平均して何日かかっているかを計算します。

　掛けで売って代金を払ってもらっていない金額を**売掛金**といいますが，掛けで売ったときに後日の支払を約束した手形（**受取手形**）をもらうこともあります。この両者を合わせて，**売上債権**といいます。

$$売上債権回転率 = \frac{売上高}{売掛金＋受取手形} （回）$$

回転「率」という名前が付いていますが，計算されるのは，何回転したかという「回転数」です。この回転数を使って，**売上債権が平均して何日で回収されているか**を計算します。

$$売上債権回転期間 = \frac{365日}{売上債権回転率} （日）$$

回転率（回数）が大きいとき，あるいは，回転期間（日数）が短いときは，売上げの質もいいといえます。この回数が減ってきたり，回転期間が長くなってきますと，資金繰りに支障が出てきますから，あまり質のいい売上げではないことがわかります。

CHAPTER 9
本業でどのくらい儲けているか

1　本業比率と売上高構成
2　総資本営業利益率
3　売上高営業利益率
4　総資本営業利益率の分解

1 本業比率と売上高構成

　セイコーとシチズンは腕時計のメーカー，パイロットやセーラーは万年筆の会社，ヤマハ（旧・日本楽器）はピアノを作る会社，象印マホービンは魔法びん，味の素は調味料，知名度は低いが愛知時計という名称の会社なら本業は時計，と誰もが考えます。

　ところが違うのです。社名と本業は会社が成長・変身することによって次第に分離してきます。旧・岡本理研，現在のオカモトは衛生スキンのトップメーカーですが，今や同社の主力商品は，プラスチック・フィルムや建築・産業資材（2009年度は売上高の52％）です。

　パイロットやセーラーも万年筆は主力商品の座を降りています。現在の主力筆記具は，ボールペン，シャープペンとなりつつあります。両社とも多角化をすすめて脱筆記具を図っており，パイロットは電算機用品類，宝飾品などの部門の成長が著しく，1989年10月には，社名から「萬年筆」の文字を削除しています。セーラーもまた，記録メディア向け生産ロボットなどへの多角化をすすめています。

　カゴメがトマト・ジュースとケチャップ以外のものを作っていることを知っている人は中部圏以外にはあまり多くないようです。逆にブルドックソースは，ソースの最大手，シェアの2割強をにぎるソース以外のものを作らない会社で，東日本に強く西日本に弱いところがありましたが，イカリソースを買収して西日本の市場も強化しています。

　社名や常識的な主力商品の知識からいったん離れて，各会社の内実を知る必要があります。売上高の構成は，有価証券報告書に詳しく書かれています（概

要だけなら『会社四季報』や『日経会社情報』にも記載されています)。

図表9－1　本業比率（対売上高）（2009年度）

社　名	本　業	比　率
セイコーHDGS	時計	54
キューピー	食品	80
エスビー食品	スパイス	85
キッコーマン	食料品	49
愛知時計	水道ガスメータ	85
任天堂	レジャー機器	100
ブリヂストン	タイヤ	81
ブルドック	ソース	100
タカラトミー	玩具	61
キヤノン	事務機	65
蛇の目ミシン	ミシン関連	75
平和	パチンコ機	63
コマツ	建設機械・車両	86
ホッカンHDGS	容器・充填	98
ホウトク	イス・机	66
アシックス	スポーツシューズ	74

2　総資本営業利益率

　本業でどのくらいもうけているかをみるには，まず総資本と営業利益の関係を調べる必要があります。

$$総資本営業利益率 = \frac{営業利益}{期首・期末平均総資本} \times 100 (\%)$$

営業利益は，金融上の費用・収益を加減する前の利益ですから，借金の有無に関係なく，また財テクの成功・失敗に関係なく，その会社の本業でのもうけを表わしています。もし，借金がないか，金融収支がトントン以上であるとすれば，**総資本営業利益率も８％以上**が望まれます。

図表９－２　総資本営業利益率と総資本経常利益率（食品会社）（2009年度）
（連結）（単位：億円）

社　名	総資本	営業利益	営業利益率	経常利益	経常利益率
エスビー食品	945	37	3.9	35	3.7
キユーピー	2,917	140	4.7	141	4.8
ハウス食品	2,330	88	3.7	89	3.8
日清食品	3,969	276	6.9	327	8.2
カゴメ	1,462	98	6.7	83	5.6
味の素	11,351	605	5.3	557	4.9
東洋水産	2,186	249	11.4	267	12.2

図表９－２は，食品会社の一部のデータですが，営業利益率または経常利益率が８％に達しているのは**東洋水産**と**日清食品**だけです。総資本経常利益率の段階で見ると，カップめんの２位，**東洋水産**が超優良企業，同１位の**日清食品**が優良企業，**キユーピー**，**カゴメ**，**ハウス食品**，**味の素**はあと一息といった感じです。

厳密にいいますと，営業利益と対比されるべき資本は総資本ではなく**営業資本**または**経営資本**と呼ばれるものです。つまり，総資本から建設仮勘定のよう

Chapter 9 本業でどのくらい儲けているか

にいまだ経営活動に参加していない部分や，有価証券・投資のように主たる営業活動（本業）に直接使われていない部分を差し引いて，**本業に直接使われている資本**だけを求めるのです。繰延資産が計上されていればそれも除外したほうがよいでしょう。

$$経営資本＝総資本－（有価証券＋投資＋建設仮勘定＋繰延資産）$$
$$経営資本営業利益率 = \frac{営業利益}{（総資本－投資・建設仮勘定）} \times 100 (\%)$$

図表9－3は**富士フイルムHDGS**のデータです。これを基に同社の総資本経常利益率と経営資本営業利益率を計算してみよう。

図表9－3　富士フイルムHDGS（2009年度）（単位：億円）

総資産	28,966
有価証券	292
建設仮勘定	553
投資その他の資産	6,120
経営資本	22,001
営業利益	372
当期純利益	105

この2つの資本利益率をより適切に計算するには，分子の利益も違うものを使います。それは，総資本が経営に投下されている資金だけでなく有価証券などに投資されている資金をも含むため，これに対する利益として，営業利益に金融上の損益を加減した経常利益が適当であり，他方，経営資本に対してはこの資本の成果である営業利益を比較するのが適当だからです。

$$総資本経常利益率 = \frac{105（億円）}{28,966（億円）} \times 100 = 0.36（\%）$$

$$経営資本営業利益率 = \frac{372（億円）}{22,001（億円）} \times 100 = 1.78（\%）$$

　この比率から見る限り**富士フイルム**は本業に投下している総資本が稼いでいる（本業の）もうけは0.36％で，目標とすべき８％を大幅に下回っています。経営に直接投下されていた資本，つまり経営資本の効率を計算してみても，1.78％という低い比率になっています。同社の場合は，「投資その他の資産」に営業権が3,289億円，繰延税金資産が1,259億円など経営に参加していない資産が多く含まれており，総資本利益率を下げる要因となっています。

　営業利益のほうに問題があるとすれば，売上高と営業利益の関係を見るか，販売費・一般管理費および売上総利益（粗利益）の分析をするとよいでしょう。そこで，つぎの３で売上高と営業利益の関係について検討することにします。

3　売上高営業利益率

　これは100円の売上げのなかに，本業の利益（仕入代金や原材料費の他，人件費，広告費，減価償却費などの販管費を差し引いた額）が何円入っているか，**100円売るごとに何円，本業でもうけているかを計算**するものです。図表９−４は，競争企業等の売上高営業利益率を比較したものです。

Chapter 9 本業でどのくらい儲けているか

図表9－4　売上高営業利益率（2009年度）

社　名	売上高（億円）	営業利益（億円）	売上高営業利益率(%)
日本ハム	10,284	214	2.0
伊藤ハム	4,871	▲24	▲0.4
資生堂	6,902	499	7.2
ライオン	3,382	82	2.4
武田薬品	15,383	3,064	19.9
アステラス製薬	9,656	2,503	25.9

$$売上高営業利益率 = \frac{営業利益}{売上高} \times 100 \, (\%)$$

図表9－2の食品会社の売上高営業利益率を計算すると表9－5のようになります。

図表9－5　売上高営業利益率（食品会社）（2009年度）

社　名	売上高(億円)	営業利益(億円)	売上高営業利益率(%)
ヱスビー食品	1,192	37	3.1
キューピー	4,739	140	2.9
ハウス食品	2,338	88	3.7
日清食品	3,854	276	7.1
カゴメ	2,004	98	4.8
味の素	12,165	605	4.9
東洋水産	3,220	249	7.7

食品工業の平均的な売上高営業利益率は4～5％ですから，この業界では100円を売ることによって本業による利益が4～5円あるのが平均的だという

ことです。その数値からすると、**キューピー、ハウス食品、エスビー**は少し低く、**カゴメ**と**味の素**は合格、**東洋水産**と**日清食品**は優良会社といえます。

4　総資本営業利益率の分解

総資本営業利益率の場合も、**売上高営業利益率**と**総資本回転率**に分解することができます。食品各社の各比率を計算したものが表9-6です。

$$総資本営業利益率 = \frac{営業利益}{売上高} \times \frac{売上高}{総資本} \times 100(\%)$$
$$（売上高営業利益率）（総資本回転率）$$

図表9-6　総資本営業利益率の分解（食品会社）（2009年）

社　名	総資本営業利益率	=	売上高営業利益率	×	総資本回転率
エスビー食品	3.9%	=	3.1%	×	1.25
キューピー	4.7%	=	2.9%	×	1.62
ハウス食品	3.7%	=	3.7%	×	1.00
日清食品	6.9%	=	7.1%	×	0.97
カゴメ	6.7%	=	4.8%	×	1.39
味の素	5.3%	=	4.9%	×	1.08
東洋水産	11.4%	=	7.7%	×	1.48

この業界は、資本の回転率（資本の何倍の売上げがあったか）が1回転前後の会社が多いようです。

Chapter 9　本業でどのくらい儲けているか

　キューピーは売上高営業利益率の低さを資本の回転率を高める（つまり小さな資本で大きな売上高を上げる）ことによってカバーしています。売上高営業利益率では**東洋水産**と**日清食品**が7％台を保っていますが，**東洋水産**は資本の回転が高いために総資本営業利益率が11％を超え，他方，**日清食品**は資本の回転が低いために総資本営業利益率が7％を切っています。

　資本の回転率が低い場合には，①売上高を伸ばす工夫をする，②不要な資本を削る，といった方面の対策をたてます。**売上高営業利益率**のほうに問題がある場合には，①売上げの質，つまり利益を度外視した販売をしていないかどうか，②売価の設定に問題がないかどうか，③十分な粗利（荒利）を確保しているかどうか，④販売費・一般管理費の支払いが適正かどうか，などの観点から原因を探し出します。

CHAPTER 10
いくら売れれば採算ベースに乗るか

1 売上高と営業利益はパラレルに伸びるか
2 固定費と変動費
3 損益の計算と固定費・変動費
4 損益分岐点
5 営業レバレッジ

1 売上高と営業利益はパラレルに伸びるか

　普通，売上げが伸びると利益（営業利益または経常利益）も伸びます。しかし売上げが倍になれば利益も倍になるという比例的な伸び方はしません。図表10－1と10－2は**ユニクロ**を展開する**ファーストリテイリング**とイーコマースで急成長した**ソフトバンク**における売上高の伸びと営業利益の伸びを比較したものです。

図表10－1　ファーストリテイリング（単位：億円）

年　度	売上高	伸び率（%）	営業利益	伸び率（%）
2006. 8	4,488	—	703	—
2007. 8	5,252	17.0	649	▲7.6
2008. 8	5,864	11.6	874	34.6
2009. 8	6,850	16.8	1,086	24.2

図表10－2　ソフトバンク（単位：億円）

年　度	売上高	伸び率（%）	営業利益	伸び率（%）
2007. 3	25,442	—	2,710	—
2008. 3	27,761	9.1	3,242	19.6
2009. 3	26,730	▲3.7	3,591	10.7

　ファーストリテイリングの場合，売上高が順調に伸びていますが，営業利益はそれを上回る勢いで伸びています。他方，**ソフトバンク**は，売上高の増減と営業利益の増減に比例的な関係が見られません。売上げの伸び率に比べて利益の伸び率が2倍の年もあれば，売上げが減少しているにもかかわらず利益が増加している年度もあります。

Chapter 10　いくら売れれば採算ベースに乗るか

　このように売上高の増減傾向と営業利益の増減傾向が大きく異なる場合，原因として２つのことが考えられます。１つは売上げを確保するために利益を犠牲にすることで，もう１つは企業の営業費用の中に固定的な費用と変動的な費用があることです。

2　固定費と変動費

　固定的な費用つまり**固定費**というのは，売上げがあってもなくても（たとえば店内の改装のために何週間も休業していて売上げがないような場合でも）かかる費用のことで，製造業の場合には，**操業度**（稼働率ともいいます。生産能力の何％を使って生産しているかということ）と関係なく発生する費用です。これに対し，変動的な費用つまり**変動費**というのは，売上げ（あるいは操業度）の上下に伴って比例的に上下する費用のことです。

　身近な例でいえば，遊園地に客として入ったときの入場料が固定費であり，ジェット・コースターやバイキングといった遊具の料金が変動費です。入場料は乗り物に乗るかどうかに関係なく払わなければならない固定的な性格のものであり，乗り物や遊具は利用の度合い（操業度）に比例して料金が増減します。

　詳しくは後段で述べますが，ここでは比較的分かりやすい固定費と変動費の例を示しておきます。

固定費の例	給料・手当，家賃，地代，水道光熱費，保険料，交際費，減価償却費
変動費の例	商品の仕入原価，荷造運送費，材料費，買入部品費，外注加工費

3 損益の計算と固定費・変動費

いま，ビルの1階を借りてアイスクリーム屋を始めたとしましょう。店舗の使用料が月に70万円，アイスクリームの冷蔵装置一式のレンタル料が月に10万円，従業員の給料が50万円，水道光熱費20万円，その他の雑費が10万円かかるとします。これらの費用は，お客さんが来てもこなくてもかかる費用ですから，固定費です。計算しますと，この店の固定費は月額160万円となります。アイスクリーム，トッピング，コーンなどの材料が売価の20％としましょう。100円売るたびに粗利益が80円でるというわけです。この20％がこの店の変動費です。営業日を月に25日として，①1日平均の売上げが6万円の場合，②8万円の場合，③10万円の場合を想定して，損益がどうなるかを見てみましょう。

▷ 1日の売上げが6万円の場合

1日の売上げ6万円の場合，月に直すと売上げが150万円になります。変動費はその20％ですから，30万円，これに固定費160万円を加えると総費用190万円が求められます。150万円の売上げ（収益）に対し，かかる費用が190万円ですから，40万円の赤字となります。

```
売上高  150   －  ┌ 固定費   160
(6万円×25日)      │ 変動費    30  ＝ 純損失  40 (万円)
                  └ (150万円×0.2)
```

▷ 1日の売上げが8万円の場合

売上げが日に8万円の場合，月に直すと200万円，変動費はその20％で40万円ですから，固定費を加えた総費用は合計200万円となります。売上高と総費用が同額となって，この場合は損益がゼロになります。

Chapter 10　いくら売れれば採算ベースに乗るか

```
売上高　　200　　─ ┌ 固定費　　160
（8万円×25日）　　 ┤ 変動費　　 40 ＝ 損益ゼロ
                  └ （200万円×0.2）
```

▷ 1日の売上げが10万円の場合

　売上げが10万円の場合は月の売上高250万円です。変動費はその20％ですから，50万円となります。総費用は固定費と変動費を合わせた210万円です。これらをすべて支払っても手元に40万円残ります。これが利益です。

```
売上高　　250　　─ ┌ 固定費　　160
（10万円×25日）　  ┤ 変動費　　 50 ＝ 純利益　40（万円）
                  └ （250万円×0.2）
```

4　損益分岐点

　上の例で日に8万円売れば，収入と支出（あるいは収益と費用）が同額となりました。このように収支がトントンになるところ，赤字から黒字へ変わる峠のことを**損益分岐点**といいます。つまり損益分岐点というのは，固定費のすべてを回収し**採算ベースに乗るところ**，つまり**採算点**をいうのです。

　アイスクリームを100円売れば，材料費などの変動費が20円かかります。残りの80円をためていって，これで固定費の160万円を支払うのです。売上げから変動費を差し引いたものを**限界利益**といいます。アイスクリームを売るごとに手元に残る限界利益が積もり積もって160万円になったとき，アイスクリームの仕入代金から店舗の使用料，給料などすべての費用を支払うことができる

のです。

$$限界利益＝売上高－変動費$$

限界利益は，表現を変えますと，**固定費と営業利益を合わせたもの**です。いま図表10－3のように通常の配列をした損益計算書（日に10万円の売上げの例を使う）を，費用の部分の配列を変えて変動費と固定費に分けた損益計算書に作り直してみるとこのことがよく分かります。

右側の損益計算書を**変動損益計算書**ということもあります。この変動損益計算書は諸費用を売上高の増減との関連で把握しようとするものですが，売上高の上昇とともに増加するのは変動費と営業利益ですから，図表10－4のような配列にしたほうが売上高と費用の動きを捉えやすいでしょう。ただし，限界利益が2分して表示されるという欠点を持っています。

図表 10－3　変動損益計算書（1）

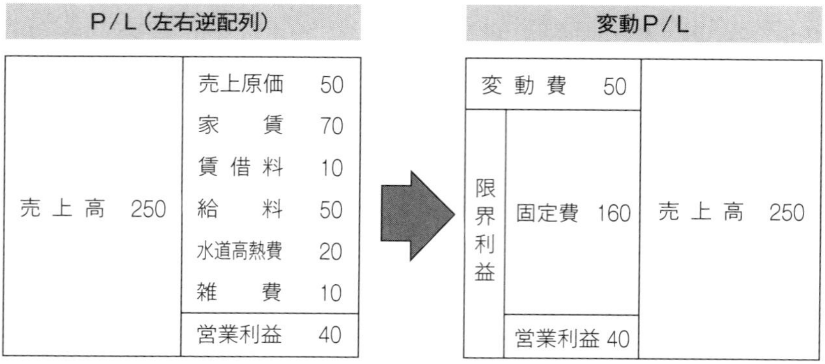

P/L（左右逆配列）		変動P/L	
売上高　250	売上原価　50 家　賃　70 賃借料　10 給　料　50 水道光熱費　20 雑　費　10 営業利益　40	変動費　50 限界利益｛固定費　160／営業利益 40｝	売上高　250

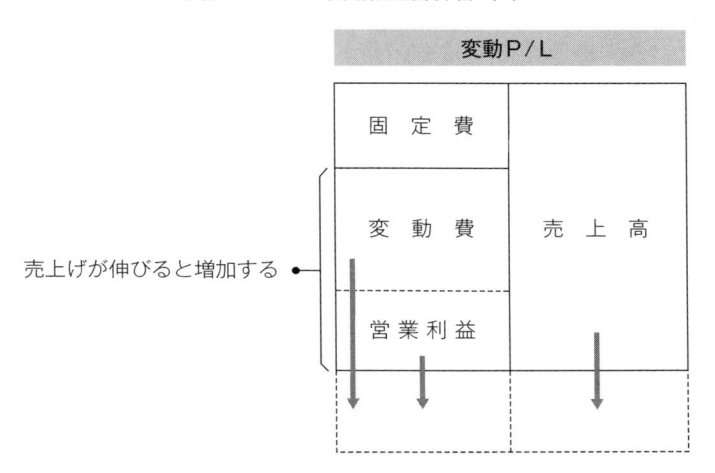

Chapter 10 いくら売れれば採算ベースに乗るか

図表 10-4 変動損益計算書（2）

```
                    変動P/L
          ┌─────────────┬─────────────┐
          │   固 定 費   │             │
          │             │             │
          │   変 動 費   │   売 上 高   │
売上げが伸びると増加する ●│             │             │
          │   営業利益   │             │
          │     ↓       │             │
          └──↓──────────┴──────↓─────┘
```

5　営業レバレッジ

　前例のアイスクリーム屋は1日8万円，月に200万円の売上げがあれば収支トントンになりました。この損益ゼロのときの売上高を**損益分岐点売上高**といいます。いまこの損益分岐点売上高をスタート点として，売上げを20％ずつ増減させたとき，限界利益と営業利益がどう変わるかを計算したものが図表10-5です。

　まず，営業利益の増減率を見てみましょう。この比率は売上高が200万円から20％増減すると，営業利益ゼロからのスタートであるため，増減率は無限大（∞）となります。さらに20％ずつ増減すると無限大から118％増，65％増（増収の場合），あるいは78％減，36％減（減収の場合）と漸増・漸減します。しかし売上高の増減率20％と比べればいずれも大きく変わります。

売上高の増減率と営業利益の増減率がこのように違うのは，上述したように売上げの変化によって影響されない固定費が存在するからです。固定費があるため，売上高（メーカーなら操業度）がほんの少し変わるだけで営業利益が大幅に変化するのです。つまり売上高の増減に対して，**固定費がてこ（レバー）の役割**を果たして利益の増減率を加速するため，これを**営業レバレッジ**と呼んでいます。営業レバレッジの倍率は営業利益の伸び率を売上高の伸び率で割って求めます。

図表10－5　営業レバレッジ（単位：万円）

前提　固定費　160
　　　変動比率　20%

売上高	増減率(%)	限界利益	営業利益	同増減率(%)	レバレッジ(倍)
346	20	276	116	65	2.3
288	20	230	70	118	3.2
240	20	192	32	∞	6
200	─	160	0	─	─
160	－20	128	－32	∞	－4
128	－20	102	－57	－78	－1.7
102	－20	81	－78	－36	－1.0

$$営業レバレッジ = \frac{営業利益の増分（ぞうぶん）}{営業利益} \div \frac{売上高の増分}{売上高}$$

　売上高240のときの営業レバレッジであれば，次のように計算します。

Chapter 10 いくら売れれば採算ベースに乗るか

$$\frac{\text{営業利益の増分32}}{\text{営業利益32}} \div \frac{\text{売上高の増分40}}{\text{売上高240}} = 6$$

　この算式から明らかなように，営業利益の伸び率が大きければ大きいほど，また，売上高の伸び率が小さければ小さいほど，営業レバレッジは大きくなります。このレバレッジの倍率が大きいときは，売上高が少し増加しても営業利益を大きく増加するし，逆に少し売上高が減少しても大幅な減益を招くのです。

CHAPTER 11
公式を使って損益分岐点を計算する

1 粗利益と限界利益
2 限界利益率
3 限界利益率による損益分岐点の求め方
4 変動費率によって損益分岐点を求める方法
5 公式により損益分岐点を求める方法
6 もう1つの損益分岐点（損益分岐点比率）
7 目標利益を達成する売上高の計算
8 販売数量で求める損益分岐点

1 粗利益と限界利益

　売上高から商品の仕入代金あるいは製品の製造原価を差し引いたものが**粗利益**（荒利益とも書き，粗利とも呼ぶ）でした。商品販売業でいう**商品売買益**，正式には**売上総利益**のことです。

　他方，**限界利益**というのは，売上高から変動費を差し引いたものでした。見方を変えると固定費と利益の合計のことです。これで固定費をまかなってはじめて利益が出るのです（図表11－1参照）。

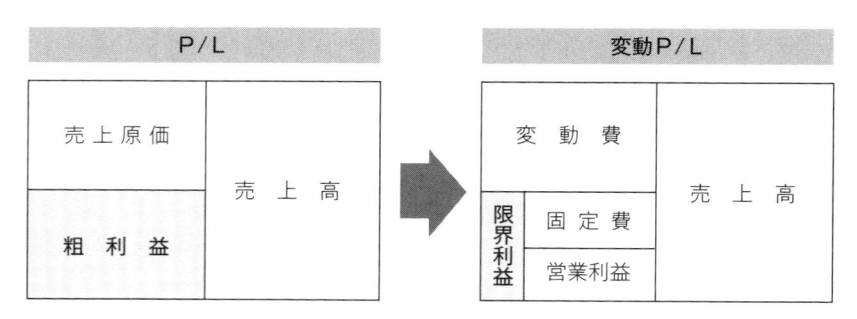

図表11－1　変動損益計算書

P/L		変動P/L	
売上原価	売上高	変動費	売上高
粗利益		限界利益（固定費／営業利益）	

　製造業の場合，製品の製造原価の中に固定費の性格をもつもの（労務費，減価償却費など）も多いですが，商品販売業の場合には売上原価がそのまま変動費となり，売上原価以外の変動費というのはほとんどありません。したがって，販売業を前提とすると，**粗利益イコール限界利益**ということになります。

　限界利益というのは marginal profit を訳したものですが，直訳すぎて何のことか分かりません。marginal というのは，「どうにか採算がとれる」とか，「損をしないぎりぎりの」という意味で用いられています。したがって，

marginal profit も「原価割れの境界を超えた利益」,「何とか採算がとれるラインを超えて出た利益」くらいの意味です。

2 限界利益率

売上高100円の中に何円の限界利益が含まれているかを表わすものが限界利益率です。

$$限界利益率 = \frac{限界利益}{売上高} \times 100$$

限界利益率は,その会社の「売上げの質」を見るのにも有効です。図表11－2は,**日本電気（ＮＥＣ）**の2009年3月期のデータです。限界利益率からどのようなことが読み取れるでしょうか。なお,データの作成においては,売上原価だけを変動費としています。

図表11－2　ＮＥＣの限界利益率　2009年3月期

売上高	限界利益	限界利益率
4兆2,156億円	1兆2,861億円	30.0%

この計算から,ＮＥＣは,100円の売上げがあると30円の限界利益（ほぼ粗利益に近い）がある会社だということがわかります。限界利益は,売上高から変動費を差し引いたものですから,100円のうち,残りの70円は変動費です。100円の売価の内訳が,変動費（製造原価または仕入原価）が70円で,固定費と利益の合計が30円だということです。100円売るたびに30円の限界利益（粗利）が手元に残り,これで固定費を払い終えると,残りが利益になるのです。

3 限界利益率による損益分岐点の求め方

損益分岐点というのは文字どおり損と益との別れ道，収支がトントンになるところです（図表11-3）。赤字でも黒字でもないときの売上高をいいます。そこで，このときの売上高を**損益分岐点売上高**というのです。いってみれば，合格でも不合格でもないときの答案みたいなものです。限界利益を全部注ぎ込んでやっと固定費をまかなえた状態です。

図表11-3 収支トントンのP/L

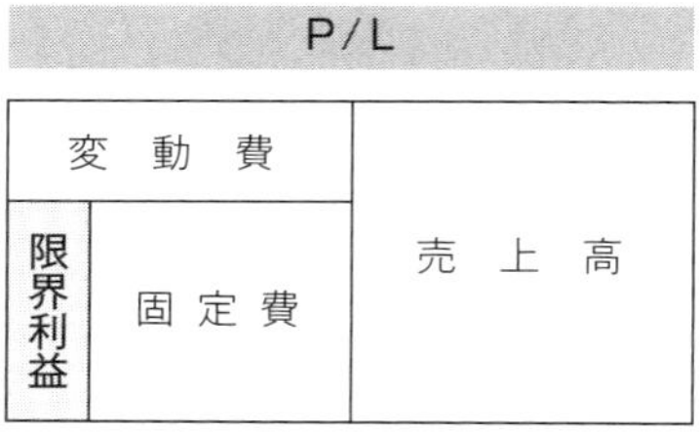

P/L	
変 動 費	売 上 高
限界利益／固 定 費	

限界利益と固定費がイコールだとしたら，**限界利益率**はどうなるでしょうか。このときの限界利益率はつぎのようになります。

$$限界利益率 = \frac{限界利益}{売上高} \times 100 (\%)$$

限界利益＝固定費のときは

$$限界利益率 = \frac{固定費}{売上高} \times 100 (\%)$$

この算式から損益がトントンのときの売上高，つまり**損益分岐点売上高**を求

める公式を作ることができます。

$$\text{損益トントンのとき}$$
$$限界利益率 = \frac{固定費}{売上高} \times 100 (\%)$$

両辺に売上高を掛けると
　売上高×限界利益率＝固定費
つまり，
$$売上高 = \frac{固定費}{限界利益率}$$
このときの売上高が損益分岐点売上高であるから
$$損益分岐点 = \frac{固定費}{限界利益率} \quad \cdots\cdots (1式)$$

　損益分岐点はこのように固定費と限界利益率が分かれば計算できます。前の章で使ったアイスクリーム屋の例に戻れば，固定費が160万円，限界利益率80％ですから，損益分岐点は

$$損益分岐点 = \frac{固定費}{限界利益率} = \frac{160(万円)}{0.8} = 200(万円)$$

ということになります。

4　変動費率によって損益分岐点を求める方法

　限界利益は売上げの増減によって変わります。ところが，売上げに占める変動費の割合はほぼ毎期一定で，しかも計算しやすい。そこで，この売上げに占める変動費の割合（**変動費率**）から損益分岐点を求めるほうが簡単だということになります。**限界利益率**は，（1－変動費率）と同じですから，つぎのように公式を変えることができます。

$$\text{損益分岐点} = \frac{\text{固定費}}{\text{限界利益率}} = \frac{\text{固定費}}{(1-\text{変動費率})} \quad \cdots\cdots(2\text{式})$$

　ところで変動費率というのは，売上高に占める変動費の割合でした。この関係を上の公式に使えば，次のようになります。

$$\text{損益分岐点} = \frac{\text{固定費}}{\left[1-\dfrac{\text{変動費}}{\text{売上高}}\right]} \quad \cdots\cdots(3\text{式})$$

5　公式により損益分岐点を求める方法

　実はこの3式が一般に**損益分岐点を求める公式**といわれています。1式，2式でも計算することは可能ですが，一般の公式としては3式が使われるのです。3式は1式，2式と異なり，すべて実数を使っており，比率を用いていません。

この公式は通常つぎのように表わされます。ただし、売上高をs，固定費をf，変動費をvとし，損益分岐点xを求めています。fは fixed cost，つまり固定費，vは variable cost，つまり変動費，sは sales，売上高のことで，xは未知数，ここでは損益分岐点です。

$$x = \frac{f}{\left[1 - \dfrac{v}{s}\right]} \quad \text{または,} \quad x = f \div \left[1 - \frac{v}{s}\right]$$

6 もう1つの損益分岐点（損益分岐点比率）

　上に述べてきた損益分岐点は，当社の売上げがいくらになれば損失を出さずにすむかを計算するものです。損益分岐点が5,000万円と出たA社が，当期に6,000万円の売上げがあったとしましょう。B社は損益分岐点が2,000万円で，当期に3,000万円の売上げになったとしましょう。両社とも赤字に転落するラインを売上高で1,000万円上回っています。1,000万円という額ではA社，B社一緒ですが，両社の安泰度というか余裕度といったものは同じではありません。A社は2割の減収になれば赤字会社に転落するのに対し，B社は3割の減収でも黒字を維持できるのです。

　こうした会社間の安泰度や余裕度の比較をするために損益分岐点が利用されることもあります。ただし，損益分岐点というときは損益分岐点売上高を指すことが多いので，ここではもう一工夫して，**損益分岐点比率**（または水準）という形に直して利用します。

　損益分岐点比率というのは，損益トントンのときの売上高（損益分岐点売上

高）と当期の実際の売上高を比較して求めます。

$$損益分岐点比率 = \frac{固定費}{\left[1 - \frac{変動費}{売上高}\right]} \div 売上高$$

$$= \frac{固定費}{固定費 + 利益} = \frac{固定費}{限界利益}$$

損益分岐点は固定費を限界利益率で割って求めましたが、ここでは固定費を限界利益の実数で割って求めます。この比率は、当期の売上高のうち何％が損益トントンの売上高であったかを示すものです。

7 目標利益を達成する売上高の計算

損益分岐点売上高を求める公式が分かれば、売上高が10％伸びたときの利益、あるいは売上高が半減したときの利益（または損失）などを簡単に求めることができます。表9－4は、損益分岐点の売上高2,000万円から、10％および20％増収または減収となったとき、利益にどのような変化が起こるかを計算したものです。

Chapter 11　公式を使って損益分岐点を計算する

図表11－4　売上高の変化と利益の変化（単位：万円）

売上高	変動費	固定費	営業利益
1,600	960	800	－160
1,800	1,080	800	－80
2,000	1,200	800	0
2,200	1,320	800	80
2,400	1,440	800	160

　では，このケースにおいて営業利益を200万円確保するには売上げをどれだけ伸ばす必要があるでしょうか。この計算は，損益分岐点の公式を応用すれば簡単にできます。

$$損益分岐点 = \frac{固定費}{限界利益率}$$

　この公式は，固定費を全額回収するために必要な売上高を求めるものですから，これを固定費と目標利益をカバーする算式に書き直せばよいのです。

$$目標利益達成のための売上高 = \frac{固定費＋目標利益}{限界利益率}$$

　上のケースでは，200万円の利益を確保しようとすれば，

$$\text{目標利益達成のための売上高} = \frac{800\,(万円) + 200\,(万円)}{0.4} = 2{,}500\,(万円)$$

となります。

8 販売数量で求める損益分岐点

損益分岐点を販売数量で求めることも可能です。販売会社や販売店の場合は月に何個（台，本，組など）売れば損益がトントンになるかというほうが分かりよいでしょう。

販売単価をＰ，販売数量をＱ，固定費をＦ，変動費をＶ，損益分岐点の販売数量をＸとすると，損益分岐点の売上高ＰＸは，変動費と固定費の合計となりますから，次式のように表されます。

$$PX = \frac{V}{Q}X + F \qquad X = F \div \left[P - \frac{V}{Q}\right]$$

実際に数字を使って計算してみましょう。Ａ店は平均価格300円のハンバーガーを月に2,500個売っており，そのときの変動費が30万円，固定費が40万円であったとします。上の公式から損益分岐点の販売数量を求めるとすると

$$\text{損益分岐点販売数量} = \text{固定費} \div \left[\text{販売価格} - \frac{\text{変動費}}{\text{販売数量}}\right]$$

Chapter 11　公式を使って損益分岐点を計算する

$$X = 400,000(円) \div \left[300(円) - \frac{300,000(円)}{2,500（個）}\right] = 2,222個$$

この店が月に15万円の利益（目標利益）を上げようとすれば，

$$X = (400,000円 + 150,000円) \div \left[300(円) - \frac{300,000(円)}{2,500（個）}\right] = 3,055個$$

となり，月に555個，日に直して18個から19個の売上増を必要とします。

CHAPTER 12
グラフを使って損益分岐点を読む

1 利益図表の作り方
2 限界利益を示した利益図表
3 変動損益計算書型の利益図表
4 限界利益図表
5 利益三角形の見方

1 利益図表の作り方

　前章の図表11−4の計算結果をみますと，損益分岐点から売上げが10％増減したとき営業損益はゼロから80万円増減しました。さらに売上げが20％増減すると営業損益は160万円（利益のときも損失のときも）となります。売上げが10％増減から20％増減へとわずかに変化しても，営業損益は80万から160万円へと大きく振幅します。

　すでに述べたように，**固定費があるために売上高の増減と営業損益の増減は比例しない**のです。損益分岐点を境として，売上げが伸びれば伸びるほど営業利益はそれを上回る比率で伸びます。ちょうどこの損益分岐点がテコの支点みたいな形になっています。

　こうした売上高と営業利益の関係は図12−1のような**利益図表**（損益分岐図表ともいう）を作ると一層明瞭になります。

　利益図表は，普通グラフの原点Oから，同じ長さで横軸 OX 線上に売上高，縦軸OY 線上に売上高・費用・損益の目盛りをとります。原点Oから対角線にOS線を引くと，OS線上の各点は横軸からも縦軸からも等距離となり，これを**売上高線**とします。

　つぎにOY線上で固定費の額に相当する点 F_1 を求め，これから OX 線と平行にF_1，F_2線を引きます。これが**固定費線**です。売上高の増減に関係なく一定額が発生するために傾きがありません。売上高がゼロ（原点O）のときは，固定費F_1 がまるまる損失となります。F_1 を起点として各売上高の時の変動費を固定費に加えると F_1V 線ができます。これが**総費用線**です。

Chapter 12　グラフを使って損益分岐点を読む

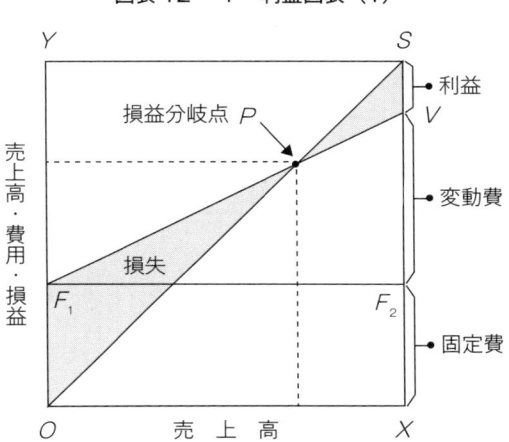

図表12－1　利益図表（1）

[図表：縦軸Y（売上高・費用・損益）、横軸X（売上高）。原点Oから右上がりの売上高線OS、F₁から右上がりの総費用線F₁V、F₂は固定費線の右端。両線の交点が損益分岐点P。Pより左側の三角形が「損失」、右側の三角形が「利益」。右側に「利益」「変動費」「固定費」の区分を示す。]

　総費用線 F_1V と売上高線 OS が交わるところがあります。この交点 P より売上高が右へ移動（つまり増加）すれば利益が生まれ，左へ移動すれば損失が生まれます。したがって，この交点のときの売上高が損益分岐点ということになります。

　売上高は，交点 P から垂直に線を引いて OX 線上の数字を読むのです。この図表からは，売上高が P 点より右へ移動するにつれて急速に利益がふくらみ，左へ移動すればどんどん損失が出てくることが簡単に読み取れます。

　前章のケース（固定費800万円，変動費率60％）を利益図表で表わすと図12－2のようになります。いま当期の売上高が2,400万円であったとすると，売上高は売上高線（OS）上の A 点を指します。このとき売上高 AD は，固定費 CD（800万円）と変動費 BC（1,440万円）と利益 AB（160万円）に分解して表示されます。

図表 12－2　利益図表（2）

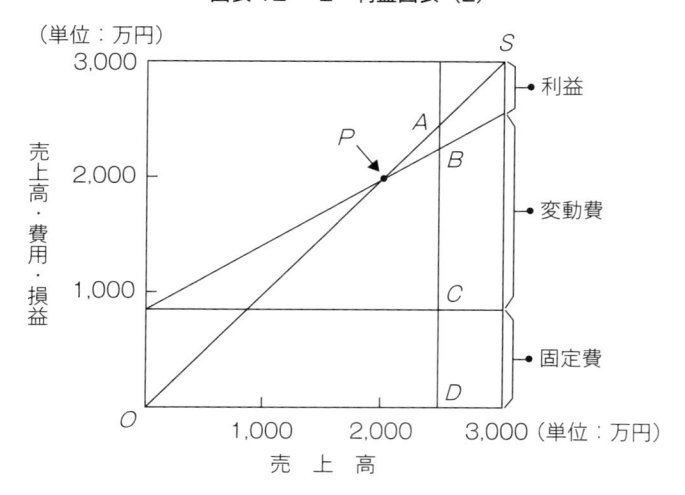

（単位：万円）縦軸：売上高・費用・損益
3,000 — S
利益
A
P → 2,000
B
変動費
1,000 — C
固定費
D
O — 1,000　2,000　3,000（単位：万円）
売　上　高

　この図表は損益分岐点という考え方を理解するのに大変役に立ちます。ただし，この図表は限界利益をうまく表現できないし，損益の額を把握するのにも不便です。これらの不便を解消するためには，この利益図表を若干変形させた，図表12－3のような図表が使われます。

2　限界利益を示した利益図表

　限界利益と固定費の関係，つまり売上げがあるたびにその売上げに占める限界利益が少しずつ固定費を回収してゆくさまを示すには，図表12－3のような利益図表が分かりよいでしょう。

Chapter 12　グラフを使って損益分岐点を読む

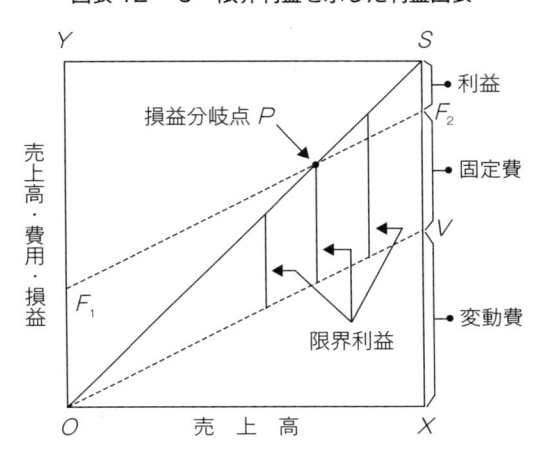

図表12−3　限界利益を示した利益図表

[図：縦軸 Y（売上高・費用・損益）、横軸 X（売上高）。原点 O から右上に伸びる売上高ライン OS、変動費ライン OV、固定費 F_1 から F_2 への破線。損益分岐点 P、限界利益を示す三角地帯 SOV。]

　この図表は上の利益図表の固定費と変動費を入れ替えて，まず変動費を原点から OV にとり，この OV 線上に固定費を上乗せして F_1F_2 線としています。損益分岐点は売上高 OS が F_1F_2 線（固定費と変動費の合計，つまり**総費用線**）と交わる点となります。

　この図表の特徴は，売上高のライン（OS）と変動費のライン（OV）にはさまれた3角地帯 SOV が限界利益（売上高−変動費）を示していることにあります。

　経営者としてのものの見方をすれば，商品や製品を売ることによってまず回収しなければならないのは，その商品の原価なり製品の製造原価でしょう。これらの原価の大部分は変動費の性格を持っています。したがって，まずこうした**変動費を回収して，どれだけの粗利益ないし限界利益が稼げたか**が最大の関心事だと思います。

　この段階で必要な利益を確保していなければ，固定費をカバーできるわけはありません。経営者の感覚というのは，まず商・製品の原価ないし変動費を回

収し，回収余剰によって固定費をカバーし，さらに余剰が幾ばくか出るように売価を決めるといったものです。だから需要を超えて仕入・製造したり，流行遅れになったものなどは固定費のことなど考えず，その仕入・製造原価だけでも回収しようとします。

一流デパートでも，しばしばブランド商品を超安値（たとえば5割引）でバーゲン・セールすることが行われますが，あのときの赤札は仕入原価であることが多いようです。出血サービスとか投げ売りなどと過激な表現が使われますが，めったに原価割れした販売などしていません。この図表はそうした経営者の感覚をうまく表現しているといえるでしょう。

3　変動損益計算書型の利益図表

CHAPTER 10で**変動損益計算書**というものを紹介しました。これは損益計算書の借方を従来の売上原価，販売費・一般管理費……といった分け方から，変動費・固定費・営業利益に分けて表示するものでした。図表12-4は，図表12-1に紹介した利益図表を，この変動損益計算書の思考と合致するように変形したものです。

図表 12－4　利益図表と変動損益計算書

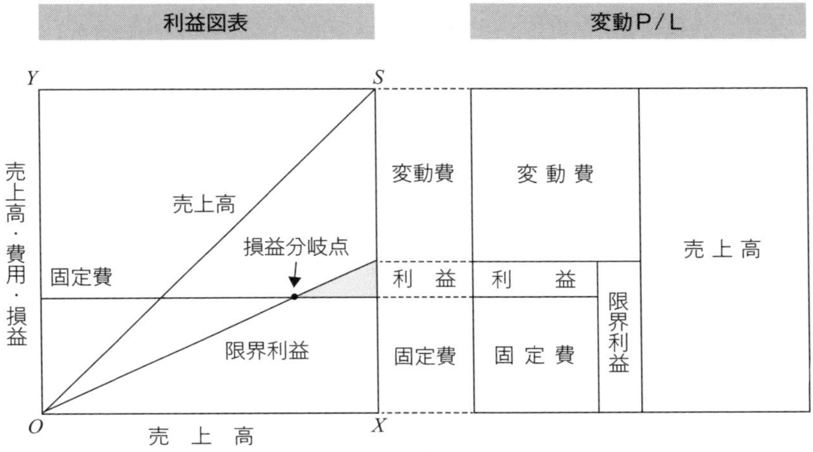

この図表も限界利益が次第に固定費を回収して，損益分岐点に至る過程をよく物語っています。ただし，この利益図表を損益計算書から切り離して見ると，売上高線がほとんど無意味になります。

4　限界利益図表

上に紹介した利益図表は，いずれもある水準の売上高のときにいくらの損益が出るかを読み取るのには向いていません。縦軸が売上高と損益を示すために金額が大きくなり，小さな損益の額を正しく読み取れるようにしようとすれば非常に大きなグラフを作るしかなくなるからです。

図表12－5に示すような**限界利益図表**は損益の額を比較的正確に読み取れるように工夫されています。これまでの利益図表と違って正方形である必要はなく，一般に横長の長方形が使われます。

この図表は縦軸に損益の目盛りをとり，横軸に売上高をとる（図表の底辺に目盛りをつけることもできるし，ここで示したように損益ゼロのところに売上高を示す方法もある）。売上高がゼロのときは固定費の額だけ損失が生まれるので，固定費800万円（ここでは上掲のケースの数字をそのまま用いている）のところを原点として，損益分岐点の売上高を通る直線を引きます。この線が**損益線**です。

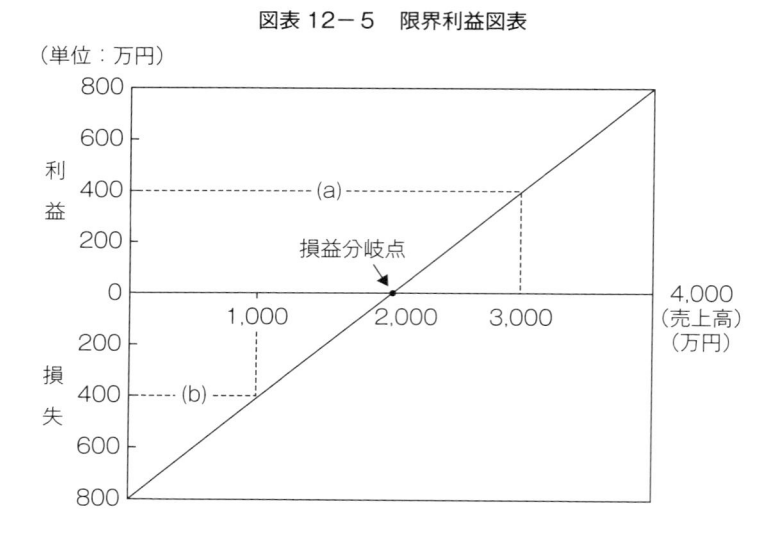

図表12－5　限界利益図表

(単位：万円)

```
利益
 800
 600
 400 ------------(a)------
 200
   0         損益分岐点         4,000
       1,000  2,000  3,000  (売上高)
                              (万円)
 200
損失
 400 ----(b)
 600
 800
```

　点線(a)の場合，売上高3,000万円のとき，その点から垂直に線を引いて損益線まで伸ばし，その交点から水平に線を引いてゆけば利益400万円という答えを見つけられます。売上高が1,000万円の場合は，点線(b)のように400万円の損失が出ることが分かります。

5 利益三角形の見方

利益図表を描くと，図表の右上に三角形ができます。この三角形のことを**利益三角形**といいますが，この三角形から会社の収益性も安全性（余裕度）も読み取れます。図表12-6は利益三角形の部分を抜き出したものです。ある売上高のとき三角形の底辺の長さを測ることで利益の大きさを知ることができます。右側の三角形も左側の三角形も底辺の長さは同じなので，この売上高のときの利益額は同じです。

しかし，**利益の額**は同じでも右と左のケースでは，**利益の質**が違います。左の場合は，右に比べて，損益分岐点の位置はずっと左にあり，多少売上高が減少しても損益が逆転することはありません。

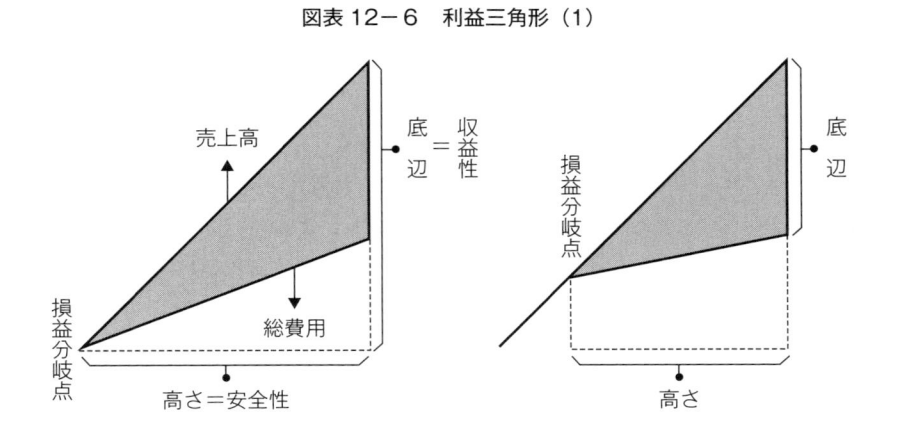

図表12-6 利益三角形（1）

しかし，右のケースでは売上げが少し減るだけで赤字になってしまいます。赤字に至らないまでも，右のケースでは売上高の減少につれて利益が急速に落ち込みます。これをいま安全性あるいは余裕度だとすると，**利益の質と量**（つ

まり，どれだけ収益性に余裕があるか）は，この**三角形の面積で判断することができる**でしょう。

　つぎの図表12－7の(A)と(B)は固定費が同じですが総費用の増え方に相違があり，損益分岐点の位置に大きな差が出た例です。(A)の場合，変動費率が(B)よりも高いため損益分岐点が高いのですから，まず変動費率を下げることが必要です。ただし固定費を削減することによっても損益分岐点を下げることもできます。(C)は，(A)のケースの固定費を削減して損益分岐点を(B)と同じようにしたものです。

　図をよく見ると分かりますように，(C)の利益三角形は(B)の利益三角形より小さい。三角形の高さは同じでも，底辺が短いのです。したがって，(A)の場合に固定費だけを削減して(B)と同じ損益分岐点になったとしても，収益性の面から見るとそれほど向上しません。やはり**変動費率を下げることが効率的**なのです。

　(A)と(C)は変動費率が同じです。変動費率が同じ場合には，固定費が少ないほど損益分岐点は左寄りになります。損益分岐点が左に寄ればそれだけ安全性が高く，比較的ゆとりのある生産・販売政策がとれます。さらに十分な利益を確保しようと思ったら，変動費率を下げる工夫が必要です。変動費率が下がれば利益三角形は肉厚になって面積を増すのです。したがって，多少の減収があっても十分な利益を確保することができます。ときには減収増益などという好結果を生むこともあります。

Chapter 12　グラフを使って損益分岐点を読む

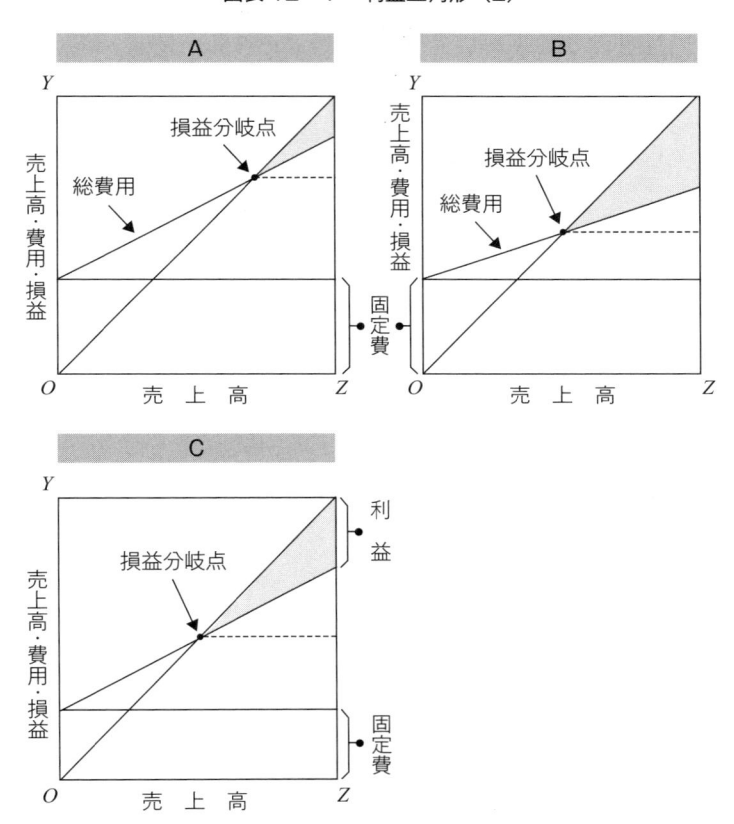

図表12－7　利益三角形（2）

CHAPTER 13

損益分岐点を実践する

1　固定費と変動費の性格
2　勘定科目法
3　総費用法（総額法，変動費率法）
4　スキャッター・グラフ法
5　最小2乗法

1 固定費と変動費の性格

　ある可変的な数値（変化する数値），たとえば売上高を変数とすれば，この売上高の増減につれて比例的に増減する**変動費**は従属変数であり，そうした他の数値の変化に左右されない**固定費**は定数としての性格を持ちます。

　固定費というのは生産高や販売数量の増減に影響されずに，その期の発生額が決まるという性格を持ちます（定数）。たとえば定額法によって計算される減価償却費，土地や建物の賃借料，固定資産税，火災保険料，支払利息などがその典型です。ある生産高または売上高までは一定額しか発生しないが，その限度（操業度）を超えると増加する費用もあります。これを**準固定費**といい，たとえば工場管理者の給料や機械の減価償却費などがあります。

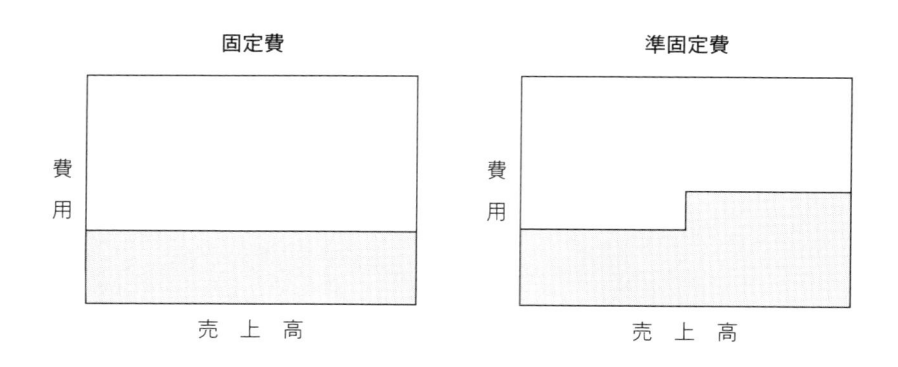

固定費　　　　　　　　　準固定費

費用／売上高　　　　　　費用／売上高

　変動費は操業度（生産高や販売高）の変化につれて増減する費用（従属変数）であり，販売業では売上原価，販売手数料，セールスマンの歩合給など，製造業では直接材料費，購入部品費，外注加工費，特許権使用料，出来高給などがあります。さらに操業度が一定水準を超えると増加する修繕費，光熱費，通信費などもあり，これらは**準変動費**と呼ばれます。

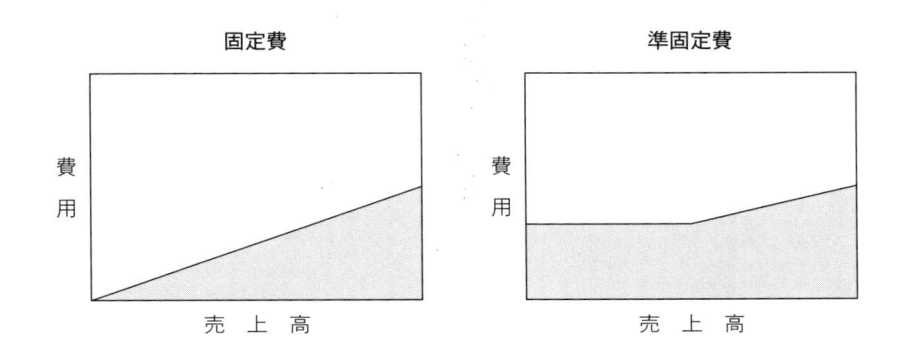

損益分岐点をある程度まで正確に求めようとすると，上に見た固定費と変動費の分解（**固変分解**という）を正しく行う必要があります。正しく分解するといっても，準固定費や準変動費も存在するので，単にその費用の名称だけで分類することが合理的でないこともあります。以下では，一般に使用されている固変分解の方法を幾つか紹介します。

2 勘定科目法

この方法は勘定科目の性格から変動費と固定費に分解するもので，最も実践的です。準固定費は固定費に含め，準変動費は変動費に含めます。その一部（一定率または一定額）を固定費，残りを変動費として処理してもよいでしょう。

同じ名称の勘定科目であっても，その会社の取引の態様や生産状況によって，変動費としたほうがよい場合と固定費としたほうがよい場合があります。たとえば，旅費交通費は一般的にいって固定費とされることが多いのですが，契約を結ぶためとか納品のために交通費がかかるというのであれば，変動費の性格をもつことになります。修繕費も一般的には固定費ですが，定期的なメンテナンスに加えて使用量（または使用時間）が一定量になるごとに部品交換や分解掃

除を行うケースでは,変動費としたほうがよさそうです。

会社の外部者が行う分析(**外部分析**といいます)では,そうしたところまではわからないので,**勘定科目の一般的な性格に従って分類**するしかありません。ただ,そうした分類でも実態の把握には十分役にたちます。図表13－1は,損益計算書に掲げられている販売費および一般管理費の科目を,一般的な観点から固変分解したものです。

図表13－1 販売費及び一般管理費の固変分解

勘定科目	固	変	勘定科目	固	変
荷造運送費		✓	退職年金拠出金	✓	
広告宣伝費	✓		福利厚生費	✓	
販売手数料		✓	会議費	✓	
検査手数料		✓	通信旅費交通費	✓	
販売用消耗品費		✓	照明ガス水道料	✓	
修理保証費	✓		消耗工具器具費	✓	
製品保証引当金繰入		✓	図書事務用品費	✓	
貸倒引当金繰入	✓		租税及び課金	✓	
役員報酬	✓		事業税等	✓	
給料手当	✓		減価償却費	✓	
賞与引当金繰入	✓		修繕費	✓	
退職給付引当金繰入	✓		雑費	✓	
地代家賃保険料	✓				

商品販売業の場合,売上原価はそのまま変動費とすればよいのですが,製造業の場合には売上原価イコール変動費とすることはできません。売上原価は図表13－2のようにして計算されます。

Chapter 13 損益分岐点を実践する

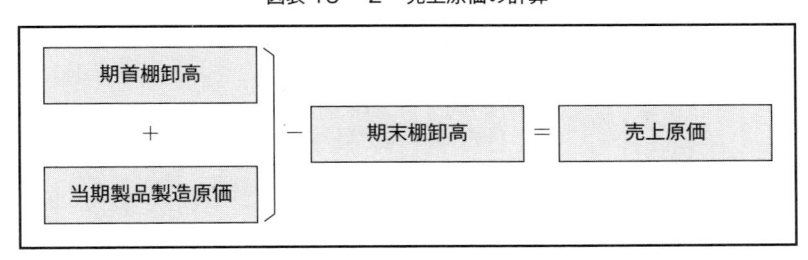

図表13-2 売上原価の計算

```
期首棚卸高
   +           − 期末棚卸高 = 売上原価
当期製品製造原価
```

　売上原価はこうして計算されますが，製造業ではこの売上原価の中に固定費が入っているため，固変分解が非常に面倒になります。当期の売上原価は上の計算のように，当期の製造費用だけでなく前期の製造費用，したがって前期の変動費や固定費とも関係しているのです。

　ただし，期首の製品棚卸高と期末の棚卸高があまり変わらないとすれば，当期の製造原価をもって売上原価とみなしても大きな誤差は生じないでしょう。

　製造原価の固変分解ですが，製造原価のうち労務費，減価償却費，修繕費，保険料などは固定費とします。こうした費目別のデータが入手できない場合には，つぎのように計算するしかありません。

　　　製造原価中の固定費＝労務費＋経費－経費中の変動費

　この場合，製造原価中の固定費は当期の売上原価に対応するものではなく，当期総製造費用に占める固定費です。したがって，当期の売上原価に占める固定費をつぎの計算によって求めるとよいでしょう。

$$\text{売上原価の中の固定費} = \text{製造原価中の固定費} \times \frac{\text{売上原価}}{\text{売上原価} - \text{期首製品・仕掛品} + \text{期末製品・仕掛品}}$$

算式の右端の分母(売上原価−期首有高+期末有高)は,結局,当期の総製造原価ということになるので,売上原価をこれで割れば,当期に生産した製品中何%が売れたかを示す比率となります。したがって,この算式は,**製造原価中の固定費のうち当期に売れた製品に対応する部分**を計算することになります。

3 総費用法(総額法,変動費率法)

固定費というのは売上高の大きさに関係なく一定額で発生するものです。そうだとすれば売上高が20億円のとき5億円の固定費がかかったとすれば,売上高30億円のときも固定費は5億円のはずです。ところが,固定費も変動費もそう簡単に分解できるとは限りません。ここでは2期間の売上高と総費用さえわかれば簡単に固変分解できる方法を考えてみます。

図表13−3は,**ユニクロ**を経営する**ファーストリテイリング**のデータです。

図表13−3 ファーストリテイリング(単位:億円)

	売上高	総費用
2008年8月期	5,864	4,988
2009年8月期	6,850	5,743
増加分	986	755

Chapter 13　損益分岐点を実践する

　同社はこの間において大きく売上げを伸ばしましたが，その伸びとともに費用も増加しています。売上げの伸びとともに増加する費用を計算すれば，それが変動費ということになるでしょう。ここでは，総費用として売上原価と販売費及び一般管理費を使っていますが，営業外費用も含めて**経常利益ゼロのときの損益分岐点**を求める場合には，営業外収益をマイナスの固定費として扱い総費用から控除します。

　売上げが986億円増加したときに費用が755億円増加しています。総費用の増加分がすべて変動費とすれば，売上高の増加に占める総費用の増加分の比率が変動費率です。

$$変動費率 = \frac{総費用の増加分}{売上高の増加分} \times 100 \ (\%)$$

$$ファーストリテイリングの変動費率 = \frac{755(億円)}{986(億円)} \times 100 = 76.57\%$$

　変動費率がわかれば，この比率を売上高に掛けて変動費を求めることができ，変動費がわかれば，総費用との差額として固定費を計算することができます。

$$変動費 = 売上高 \times 変動費率$$
$$固定費 = 総費用 - 変動費$$

　ファーストリテイリングについて計算すると，つぎのようになります。

$$
\begin{aligned}
&2009年度の変動費＝6,850億円\times 0.7657＝5,245億円\\
&2009年度の固定費＝5,743億円－5,245億円＝498億円
\end{aligned}
$$

$$
\begin{aligned}
&2008年度の変動費＝5,864億円\times 0.7657＝4,490億円\\
&2008年度の固定費＝4,988億円－4,490億円＝498億円
\end{aligned}
$$

この計算から，ファーストリテイリングの固定費は498億円となります。前章で使った損益分岐点を求める公式に当てはめてみると，

$$
\begin{aligned}
損益分岐点&＝固定費\div(1－変動費率)\\
&＝498億円\div(1－0.7657)＝2,125（億円）
\end{aligned}
$$

2009年度の損益分岐点比率は，つぎのようになります。

$$
\begin{aligned}
損益分岐点比率&＝\frac{損益分岐点売上高}{売上高}\times 100（\%）\\
&\frac{2,125（億円）}{6,850（億円）}\times 100＝31.0\%
\end{aligned}
$$

以上の計算からファーストリテイリングは固定費が498億円程度で，損益がトントンになるときの売上高が2,125億円，現在の売上高からみると，その収支トントンのときの売上高は31％となります。損益分岐点倍率という指標を使えば，現在の売上高水準は損益分岐点の約3倍ということができます。

この総費用法はどんな場合にも使えるわけではありません。一般に，この方

Chapter 13 損益分岐点を実践する

法はつぎのような条件が揃っている必要があるといわれています。

- 販売単価に変化がないこと。
- 変動費率が変わらないこと。
- 固定費が一定であること。
- 異常な費用や損失が発生しないこと。

4 スキャッター・グラフ法

同じく総費用のデータをもとに固変分解する方法です。**スキャッター**（scatter）というのは「まき散らす」という意味で、グラフ上に何期間かの売上高と総費用の実績値をプロットし、その散らばりの中から固定費の額を見つけ出そうというのです。

図表13－4は、2006年から2009年までの**マキタ**の売上高と総費用（売上原価＋販管費）の数値です。このデータを使って、いまこのグラフを作ってみましょう。

図表13－4　マキタの売上高と総費用（単位：億円）

年　度	売上高	総費用
2006	1,111	960
2007	1,254	1,055
2008	1,331	1,125
2009	1,139	1,064

グラフは縦軸に総費用、横軸に売上高をとります。各年度の売上高に対応する総費用を点で示すと、グラフのように、ある一定の傾きをもったバラツキを示します。この各プロットの傾向線を引いて、それが縦軸と交差するところが

固定費です。

　図表13－5は**マキタ**のデータをグラフ上にプロットしたものです。プロットされた4個の点は、ほぼ一線上に並んでいます。この4個のプロットに傾向線を引いてみるとわかりますが、この傾向線はほぼ原点（つまり総費用ゼロ）近くで縦軸と交わっています。参考までに、図表13－6に傾向線を書きこんだグラフを示しておきます。これを見ると、同社には固定費がほとんどないことがわかります。

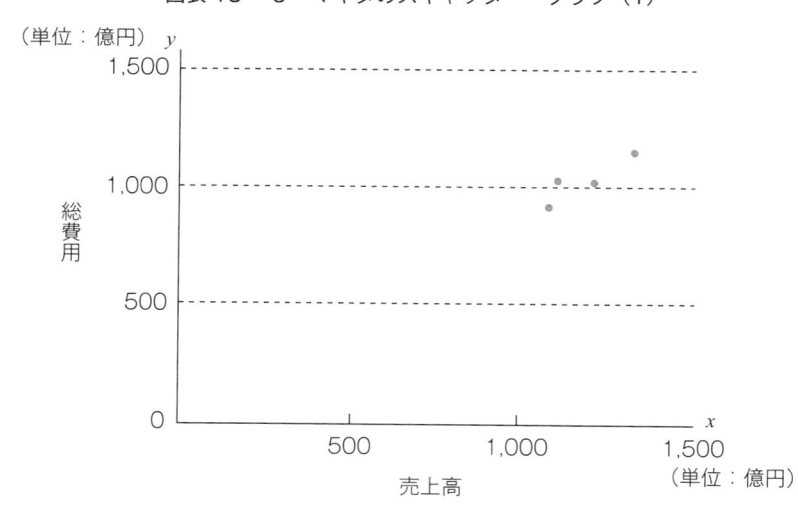

図表13－5　マキタのスキャッター・グラフ（1）

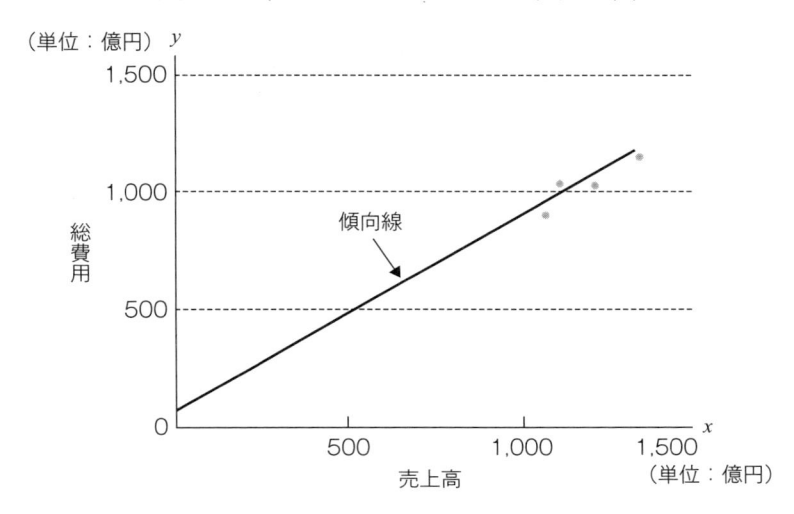

図表13−6　マキタのスキャッター・グラフ（2）

スキャッター・グラフ法は上述のように総費用を基礎として固定費を求めるものですから，上の総費用法と同じ条件が揃わないと適切な固変分解ができません。

5　最小2乗法

　スキャッター・グラフ法は，売上高（操業度）の異なるときの総費用を示すことで，売上高ゼロのときの総費用（固定費）を推計するものです。しかしこの方法では，よほど大きなグラフを作らない限り，プロットは目分量になり，傾向線も何本か考えられたり，さらに縦軸との交点（総費用の額）があいまいになるという欠点があります。こうした欠点を補うものとして，同一のデータを数学的手法で処理して固定費を算出する方法，**最小2乗法**があります。

スキャッター・グラフ上の傾向線（図表13-6参照）は，y＝ax＋b と表わすことができます。y は縦軸，x は横軸を表わしており，売上高がゼロ（$x=0$）のとき y＝b となり，b が縦軸との交点，つまり固定費を表わしています。ax の定数 a はパラメーターで x の傾きを示しています。つまり a は変動費率です。

　記号で書くとわかりにくいですが，y＝ax＋b というのは，文字で書けば

$$総費用＝売上高×変動費率＋固定費$$

ということです。いま，売上高，総費用をn年数分集計すると，この式は次のようになります（Σはシグマと読み，総和を現わす記号）。

$$\Sigma y=a\Sigma x+nb$$

　y と x は変数なので，n 年数分の金額を合計します。y＝ax＋b から a と b の値を求めるには，次のような連立方程式を解きます。

$$\Sigma y=a\Sigma x+nb \cdots\cdots ①$$
$$\Sigma xy=b\Sigma x+a\Sigma x^2 \cdots\cdots ②$$
x＝売上高　a＝変動費率　y＝総費用　n＝年数　b＝固定費

　電動工具メーカーM社の2004年から2009年までの売上高と総費用はつぎのとおりです。M社についてこの計算をしますが，図表13-7のような準備をしておくと便利です。

Chapter 13　損益分岐点を実践する

図表13－7　最小2乗法の準備

年　度	売上高（x）	総費用（y）	（xy）	（x^2）
2004	1,223	1,035	1,265,805	1,495,729
2005	1,230	1,111	1,366,530	1,512,900
2006	1,075	960	1,032,000	1,155,625
2007	1,073	913	979,649	1,151,329
2008	963	870	837,810	927,369
2009	971	873	847,683	942,841
計 (n)	6,535 (Σx)	5,762 (Σy)	6,329,477 (Σxy)	7,185,793 (Σx^2)

まず①式に，M社の数値を代入します。

　　5,762 = 6 × b + a × 6,535……③

②式に必要な数値を代入します。

　　6,329,477 = b × 6,535 + a × 7,185,793……④

未知数のbを消すために，③式の両辺に6,535を掛け，④式の両辺に6を掛けます。

　　37,654,670 = 39,210 × b + a × 42,706,225……⑤

　　37,976,862 = 39,219 × b + a × 43,114,758……⑥

⑥式から⑤式を引いて，変動費率aを求めます。

　　322,192 = a × 408,533

　　a ≒ 0.788

aの変動費率を③式に代入すると，固定費が出ます。

　　5,762 = 6 b + 5,149

　　b = 102

結局，y = ax + b は，M社の場合，y = 0.788x + 102となり，固定費が102億円変動費率は78.8％ということになります。

　固定費が102億円ということは，この規模の売上高の会社では極めて少ないということですから，結局スキャッター・グラフ上の傾向線が原点を示したことと同じ結果を示しています。

CHAPTER 14
財務体質と借金の返済能力をチェックする

1 図体の大きい会社はいい会社か
2 図体はどうやって計るか
3 自己資金と借金のバランス
4 自己資本比率という尺度は何を計るものか
5 短期の借金返済能力と長期の借金返済能力
6 流動比率が語る「借金の返済能力」
7 当座比率は返済能力のリトマス試験紙
8 支払能力の総合的判定

1　図体(ずうたい)の大きい会社はいい会社か

　わが国では，会社に関する限り，「大きいことはいいことだ」とか「**体重方式**」などといって，図体の大きいほうがよいとする風潮があります。街角のパン屋さんや肉屋さんよりも駅前のスーパーのほうがよい会社で，そのスーパー・マーケットも地元のスーパーより全国型のスーパーがいい会社だというのです。

　大規模の会社は，多くの場合，どこかの企業集団（**三菱グループ**とか，**住友グループ**とか）に属していて，株式の持ち合い，業務提携，社長会，役員の派遣，資金の融通などを通して，資本的・人的な結びつきが強いものです。

　グループ内のどこかの会社が経営に失敗したり，資金不足に陥ったりしたときには，グループを構成する各社がいろいろな援助の手をさしのべてくれます。中小企業の場合は，そうした援助の手は期待できません。中小企業が破たんしそうになりますと，銀行は貸した資金を取り戻そうとして躍起になりますし，取引先は新規の取引を中止し，売掛金があればそれを回収しようとして会社に押し掛けるでしょう。助け船などは，どこからもきません。

　そうしたこともあって，わが国では，「大きい会社はいい会社だ」という評価が生まれるのでしょう。

　では，本当に大きい会社はいい会社なのかどうか，検討してみましょう。監査役の皆さんは，御社の取引先の大きさにまどわされずに，取引先の財務体質や借金の返済能力をチェックしておくことが大事です。

2　図体はどうやって計るか

　会社の場合，大きいとか小さいとかは，どうやって決めるのでしょうか。一般には，**資本**とか**売上高**を使うようです。ただし，銀行の場合は預金高，保険会社の場合は契約高，新聞・雑誌社なら発行部数・出版部数といった指標も使われます。

　資本を企業規模の指標とする場合は，会社が使っているすべての資本（**総資本**）の大きさか，法律上の資本，つまり**資本金**の大きさが使われることが多いようです。どちらが企業の大きさを適切に表しているでしょうか。

　自己資金ゼロで，銀行から1億円借りて家を建てた人がいるとしましょう。外から見ますと，1億円の家に住んでいるのですから，お金持ちに見えます。しかし，実は，他人からの借り物に住んでいるのと変わりません。この人の図体（大きさ）は1億円でしょうか，それともゼロ円でしょうか。

　借金していようが全額自己資金であろうが，使っている資本の大きさ（この例では，住んでいる家）が図体を表すという見方もあるでしょうし，負債（借金）を差し引いた，裸の状態が本当の姿だという見方もあるでしょう。いずれにしましても，総資本をもって図体とするときは，負債の大きさにも注意する必要がありますし，裸の状態をもって図体とするときは，使っている資本の全体を見ておくことが必要です。

　会社の場合，そうした全体としての使用総資本と裸の資本の関係を見るときには，**自己資本比率**という指標が使われます。

3　自己資金と借金のバランス

　家を建てるとき，自己資金だけで建てられる裕福な人もいれば，大部分を銀行から借りて建てる人もいます。**自己資本比率**というのは，たとえていいますと，家の建築費のうち，何％が自己資金であるかをいうようなものです。

　多くのサラリーマンにとって，自己資金だけでマイホームを建てようとすれば，都心から離れるか庭のない家で我慢するしかありません。銀行から借りて家を建てますと，ローンの返済に追われます。家庭も会社も，自己資金と借金のバランスを取ることが必要です。

　会社の場合，家庭と違うのは，借りた資金で事業を展開しますから，借金してもその資金が利益を生んでくれることです。サラリーマンの借金は利息を付けて返済するだけで，利益を生むことはありません。

　会社を自己資金だけで運営することを，「**無借金経営**」といいます。無借金経営は，借金の返済に追われることもなく，堅実で安全性が高いと評価されますが，他方，いつまでたっても小規模の，地方会社の域を出られないという欠点もあります。

4　自己資本比率という尺度は何を計るものか

　自己資本比率（最近では，「株主持分比率」とか「株主資本比率」ともいいます）は，つぎのようにして求めます。

Chapter 14　財務体質と借金の返済能力をチェックする

$$自己資本比率 = \frac{自己資本}{総資本（=自己資本+負債）} \times 100(\%)$$

図表14－1　総合電機会社の自己資本比率（2009年3月期）

	総資本（億円）	自己資本（億円）	自己資本比率(%)
日立製作所	94,037	10,499	11.2
東　　芝	54,532	4,473	8.2
三菱電機	33,341	8,494	25.5

自己資本比率というのは，**借金の返済能力**，あるいは，**支払い能力**を示す指標の1つです。では，どうして借金を返済する能力が問題になるのでしょうか。

会社は，まず，株主が出した資金（資本）を元手として開業しますが，事業の拡大に連れて，株主の資金だけでは足りなくなってきます。そうしたときに，銀行や保険会社からお金を借りたり，社債という証券を発行して一般の投資家から資金を借ります。

会社にお金を貸す人たちを「**債権者**」といいます。債権者は，お金を貸すときに，貸したお金を約束どおり返してくれるかどうかが一番心配です。ですから，貸すときにも，貸した後も，会社の支払い能力には強い関心があるのです。

では，会社には，そうした**借金を返済する財源**として何があるでしょうか。借金を返すには，一般に，つぎのような方法が考えられます。
(1)　借金の返済のために，別の銀行から借りる。
(2)　現金・預金，貸付金，有価証券のような余裕資金を使う。
(3)　商品を売った代金を返済に使う。

(4) 工場の用地などを売却して返済する。

ここでは，(1)や(4)のような極端なことは考えないことにします。(1)はまったく問題の解決にはなりません。借金の返済が少し後になるだけです。(4)は，借金は返済できても，経営はまもなく行き詰まってしまうでしょう。

通常の場合，借金の返済財源として考えられるのは，営業活動を続けながら返済してゆくことができるものに限られます。つまり，それを使っても，営業活動に特別の支障が生じないものをいうのです。

会社の内部における資金の動きを見てみましょう。つぎの図のように，会社には最初，現金の形で資金が投下されます。この現金で商品を仕入れたり，原材料を購入したりします。原材料は加工して製品とします。

商品や製品は市場で販売され，会社は改めて現金を回収します。現金ではなく，売掛金や受取手形を受け取るときもあります。売掛金も受取手形も，その後まもなく，現金になります。

こうした，会社における現金からスタートして再び現金へ戻ってくる資金の動きを「**資金循環**」とか「**営業循環**」といいます（図表14−2）。

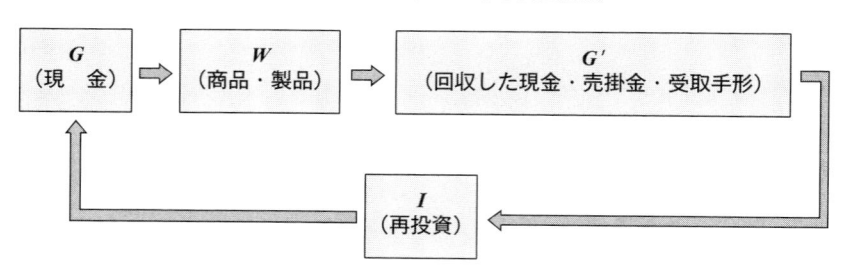

図表14−2　会社における資金循環

```
┌─────────┐    ┌─────────┐    ┌─────────────────────────┐
│    G    │ →  │    W    │ →  │           G′            │
│ （現 金）│    │（商品・製品）│    │（回収した現金・売掛金・受取手形）│
└─────────┘    └─────────┘    └─────────────────────────┘
     ↑                              │
     │         ┌─────────┐          │
     └─────────│    I    │←─────────┘
               │ （再投資）│
               └─────────┘
```

Chapter 14　財務体質と借金の返済能力をチェックする

　経済学などでは，この現金をG，商品や製品をWで表します。ここでGというのは，ドイツ語の*Geld*（ゲルト，貨幣），Wとは*Waren*（ヴァーレン，物品）のことです。そこで，資金の循環を，$G \rightarrow W \rightarrow G'$という形で表すことがあります。$G'$（$G$にダッシュがついているもの）は，最初に投下された現金が利益の分だけ増加していることを示しています。

　借金の返済に商品や製品を売った代金を使うという案がありました。上記の(3)です。この案を検討してみましょう。

　商品の売上代金は，売った商品の仕入れ値と利益に分けることができます。G'のGの部分が仕入れ値で，ダッシュの部分が利益です。Gの部分は，つぎの商品を仕入れる資金となります。ですから，借金の返済にGを使いますと，つぎに売る商品を仕入れることができなくなり，営業に支障をもたらすか，営業規模を縮小しなければならなくなるでしょう。もし，借金の返済に商品の売上代金を使うというのであれば，ダッシュ（利益）の範囲内に限られます。

　以上のことから，借金（負債）を返済するための財源としては，上記の(2)に挙げた「**余裕資金**」（「**余剰資金**」ともいいます）がもっとも大事だということがわかります。

5　短期の借金返済能力と長期の借金返済能力

　ところで，借金（負債）には，比較的短期間のうちに返済期限（支払期限）がくるものと，長期のものがあります。1年以内に返済しなければならない負債は「**流動負債**」，返済期限が1年を超える負債は「**固定負債**」と呼ばれます。

　会社の財務諸表（貸借対照表）では，つぎのように表示されています。

> 流動負債＝買掛金，支払手形，短期借入金など
> 固定負債＝社債，長期借入金など

　このうち，長期の負債（固定負債）に対する返済能力については，これを直接に測定するような「ものさし」はありません。長期の借金（固定負債）を支払う能力は，第1に，その会社の収益性の良し悪しによって，第2に会社の財務構造（借金が多いか少ないか）によって判定するしかありません。

　しかし，短期の借金（流動負債）を返済する能力があるかどうかを見るには，いくつかの「ものさし」があります。

6　流動比率が語る「借金の返済能力」

　最初に，**流動比率**を紹介します。この比率は，会社が持っている資産のうち，流動性が高い資産，つまり，現金と現金に近い性格の資産と，短期間に支払期限のくる負債を比較するものです。

$$流動比率 = \frac{流動資産}{流動負債} \times 100(\%)$$

　流動資産というのは，つぎのように，**当座資産**と**棚卸資産**に分かれます。当座資産は，すぐに現金になるものをいい，棚卸資産は，現金にするのに販売という手順を踏む必要があるので，少し時間がかかります。

Chapter 14　財務体質と借金の返済能力をチェックする

流動資産の内訳	
当座資産	棚卸資産
現金預金	製品・商品
売掛金	原材料
受取手形	部品
有価証券	

　１年以内に返さなければならない借金が1,000万円あるとしたら，いま，どれくらいの流動資産をもっていればよいでしょうか。流動資産の中に現金預金が1,000万円あれば，借金を返すことができます。売掛金や受取手形があっても返せますが，売掛金や受取手形はつぎの商品を仕入れるために必要な資金ですから，できたら，返済には使わないほうがいいでしょう。

　棚卸資産は，現金にするためには，いったん販売しなければなりません。原材料であれば，これを使って製品を作り，それを販売するという手順を踏まなければなりません。いつ売れるのかも，いくらで売れるのかも，正確にはわかりません。棚卸資産は，もし即時に売却して現金を手に入れようとしたら，仕入れ値を大幅に下回るかも知れません。

　こうしたことを考えますと，流動負債が1,000万円あるとしたら，流動資産はそれ以上なければ返済できないでしょう。これまでの経験から，流動負債が1,000万円なら，流動資産はその倍，2,000万円くらい必要だといわれています。

　つまり，１年以内に返済する借金が100あったら，返済の財源として流動資産を200以上持っていなければならないということです。これを，「**200％テスト**」とか「**２対１の原則**」と呼んでいます。

短期の借金を返済する能力を判定する指標には，もう１つ，「**当座比率**」というのがあります。つぎにこれを紹介しましょう。

■ 7　当座比率は返済能力のリトマス試験紙

　小学校の頃，酸性かアルカリ性かを知るために，**リトマス試験紙**を使ったことと思います。あれは便利なもので，赤色の試験紙を入れて青くなればアルカリ性，青い試験紙を入れて赤くなれば酸性と，実に簡単明瞭に判別できました。

　会社の支払能力にも，リトマス試験紙があればいいのにと，誰もが思うことでしょう。そうした希望をかなえてくれるアイデアが，**当座比率**です。この比率を使えば，借金の返済能力を簡単に判別できると考えられています。そのために，この比率を，リトマス試験紙とみて，**酸性試験比率**とも呼んでいるのです。

　当座比率は，流動負債の何倍の当座資産を持っているかを計算するものです。

$$当座比率 = \frac{当座資産}{流動負債} \times 100(\%)$$

　上に紹介した流動比率の場合は，流動負債を返済する財源として流動資産の全体を使うことを予定していました。ところが，流動資産のうち棚卸資産は，すでに書きましたように，即時に売ろうとすれば安く買いたたかれるか，売れないこともあります。

　そこで，流動負債を返済する財源としての流動資産から，この棚卸資産を除

外して、より確実な返済財源だけで支払い能力を判断しようとするのが、**当座比率**です。

この比率は、100％以上あることが望ましいといわれています。これを「**100％テスト**」とか「**１対１の原則**」と呼んでいます。

8　支払能力の総合的判定

　これまでの話からしますと、流動比率よりも当座比率の方が、より信頼できる指標のように感じるかも知れません。しかし、実務では、当座比率は流動比率の補助比率としてしか使われていません。なぜでしょうか。

　当座資産は、即・現金化できる資産のことです。当座というのは、インスタントという意味で、換金に手間取らないということです。当座比率も、「借金をすぐに返済するとしたら」どれくらいの能力があるかを判断する指標です。

　実は、この計算は、かなり現実からかけ離れた仮定の計算になります。負債（借金）には返済期限が決まっているものも決まっていないものもあります。すぐに返す負債もあれば、１年後のものもあります。それを、いま、いっせいに返済するとしたらという仮定で計算するのが当座比率なのです。

　流動負債は、１年以内に返済するとはいえ、すべてをいますぐに返済するわけではありません。したがって、当座比率は少し近視眼的な指標のようです。実際の支払いを考えますと、**企業の正常な営業活動を前提とした支払い能力**を知る必要があります。そうした分析には、流動比率の方が優れているようです。

　こうしたことを総合的に判断しますと、流動比率と当座比率を見比べながら、

できるなら数期間の推移を見ながら支払い能力を判断するのが賢明なようです。

　上に，流動比率は200％，当座比率は100％以上あることが望ましいと書きましたが，日本企業の場合，流動比率は150～160％くらい，当座比率も80％くらいでも大きな支障はないようです。

　これらの比率は，業種によっても指標とすべきパーセントが変わります。監査役の皆さんは，自社の業種の平均値や同業他社の数値を参考にして，自社や取引先の支払能力を判定してください。

CHAPTER 15
資金繰りはうまくいっているか

1　満席にさせないテクニック
2　資金とは何か
3　どのような資金情報が必要か
4　カレンダーを利用した資金繰り
5　実績の資金表と見積もりの資金表
6　見積損益計算書と見積資金繰表
7　1部制の資金繰表
8　3部制の資金繰表
9　資金繰りはボクシング

1　満席にさせないテクニック

　どこの家にも，トイレは1か所，風呂も1つしかないのが普通です。しかし，家族が4人とか5人なら，トイレも風呂も2つか3つあったほうが便利ですね。朝の忙しいときに，トイレに先客がいてはイライラしますし，一日の終わりに入る風呂は，できれば誰にも邪魔されず，のんびり入りたいものです。しかし，そうはいっても，どこの家でも，1つのトイレ，1つの風呂で「**やりくり**」しているのです。

　私がよく行くスキー場のホテルでも，食堂の席は客の数よりはるかに少な目です。客が一度に食事にきたら，座れない客がでるはずですが，席が空くのを待っている客を見たことはありません。客が自分の都合のよい時間に食事するということもありますが，ホテル側も，客の食事時間があまり長くならないように，料理を出すタイミングなどを工夫しているのです。満席にならないように「**やりくり**」しているのです。

　都会では**時差通勤**というものがあります。仕事の始まる時間を事業所ごとに少し変えて，朝のラッシュを緩和しようというのです。しかし多くの事業所がそろって始業時間を30分早めたら，効果はありません。早める会社と遅くする会社があってラッシュが緩和されるのです。いわば，**人の流れの「やりくり」**です。

　お金の出し入れも同じです。お金は入ってくるだけではありません。出てゆくことのほうが多いものです。そこで，「入」の範囲内で「出」をコントロール（やりくり）**すること**が大切になります。

　もちろん，「入」よりも「出」が多くなることもあります。そうした場合に

160

は，その差（出し入れの差）を補うためにどこからか借りてくるとか定期預金を解約するなどの対策が必要になります。こうしたお金の「入」と「出」を，金額的にもタイミング的にも，バランスが取れるようにコントロールすることを**資金繰り**といいます。

2　資金とは何か

「**お金**」とは，ふつう，**現金**を指しますが，**普通預金**や**当座預金**のように自由に引き出すことができる預金（これを要求払預金といいます）も，いつでもお金に換えられる預金ですから，お金に含めてもよいでしょう。「あの家は金持ちだ」という場合の「お金」はもっと範囲が広くて，持っている土地・建物，株なども含まれるようです。

本章で取り上げるのは，狭い意味の「お金」です。なぜなら，「入」と「出」をコントロールする必要があるのは，**即時の支払手段となるお金**，つまり，**現金・預金**だからです。専門的には，「**現金資金**」と呼んでいます。

企業経営や会計の世界では，次に紹介しますように，いろいろな意味の資金概念が使われてきましたが，いずれも，**支払手段として使える資産**とはどこからどこまでかを考えたものです。その中でも，「**現金資金**」はもっとも範囲の狭い概念だといえます。

資金の概念
① 「**運転資金**」＝貸借対照表の「流動資産」の合計額。
② 「**正味運転資金**」＝流動資産の合計から流動負債の合計を差し引いた金額。
③ 「**当座資金**」＝現金・預金，売上債権，市場性ある一時所有の有価証券などの「当座資産」の金額。
④ 「**正味当座資金**」＝上の「当座資金」から流動負債を差し引いた金額。
⑤ 「**支払資金**」＝「当座資金」から有価証券，短期借入金などの財務項目を差し引いた金額。
⑥ 「**現金資金**」＝現金と普通預金・当座預金などの要求払預金の合計額。定期預金などの貯蓄性預金を含まない。

3　どのような資金情報が必要か

ところで，資金を分析する目的は，資金のやりくり，**資金繰り**にあります。では，どうすれば資金繰りをうまくできるでしょうか。また，資金繰りの楽な会社と資金繰りに苦しんでいる会社をどうやって見分けることができるでしょうか。

資金繰りは将来の話です。現在所有している資金に将来入金する資金を加えて，それで将来の支払いを賄えればよいのです。そうだとすれば，必要な情報は**現在の資金の有り高などに関する情報と将来の資金の予定（予想）に関する情報**だということになります。

現在の資金の有り高は貸借対照表から読み取れます。将来の資金の予定（予想）についても，上場会社などの大規模会社の場合は，**有価証券報告書**に概要

Chapter 15 資金繰りはうまくいっているか

(次期の中間期の資金計画) が記載されています。

　将来の資金の動きを知るには，現在情報と将来情報があれば十分でしょうか。将来情報は不確実性を伴うものであり，「予定は未定にして決定にあらず」などといったあそび言葉もあるくらいですから，将来情報の確実性を判断する材料が欲しいところです。

　「歴史に学ぶ」といいます。過去のことを学ぶことの意味は，それ（歴史）が将来を照らし出す力をもっているからです。将来情報の確実性とか信頼性を判断する好材料は，過去情報といってよいでしょう。資金に関する将来の計画も，どの程度信頼でき，どの程度の確実性をもっているかは，**過去における資金の実績**をみればよいのです。

　考えてみますと，企業の将来の収益性を判断するときは，過去の実績を分析して，当期が資本利益率何％であったから次期もこれくらいであろう，といった判断をするはずです。そこでは将来情報はほとんど使われません。将来情報がなくても信頼できる過去の情報があれば，ある程度まで正確に将来を判断できるのです。それほど「**歴史は雄弁**」なのです。

　もちろん，過去の情報，現在の情報，将来の情報がすべて揃っていればベストです。こうした情報が揃えば，その企業の資金収支の状況だけでなく，**流動性，財務適応力，資金調達力，外部資金の必要度，配当支払力**なども判断できると考えられています。以下，過去の情報と現在の情報はかなり詳しく，将来の情報は概要がわかるものとして話を進めます。

4　カレンダーを利用した資金繰り

　今月の収入は100万円，支出は90万円と予想されるとき，月単位でみると資金が10万円残る計算になります。ところが，支出が月初めに集中し収入は月末に集中していれば，月初めに資金不足が生じてしまうでしょう。収支のタイミングが合わないと，資金があまったり**ショート（不足）**してしまったりします。

　事業規模が小さければ，収入と支出の金額とタイミングをカレンダーの上に記入してみるだけで，資金の動きと過不足が簡単に読み取れるのです。次頁の図表は，1か月を単位とした**カレンダー式資金繰表**とでも呼ぶべきものです。

Chapter 15 資金繰りはうまくいっているか

カレンダー資金繰表

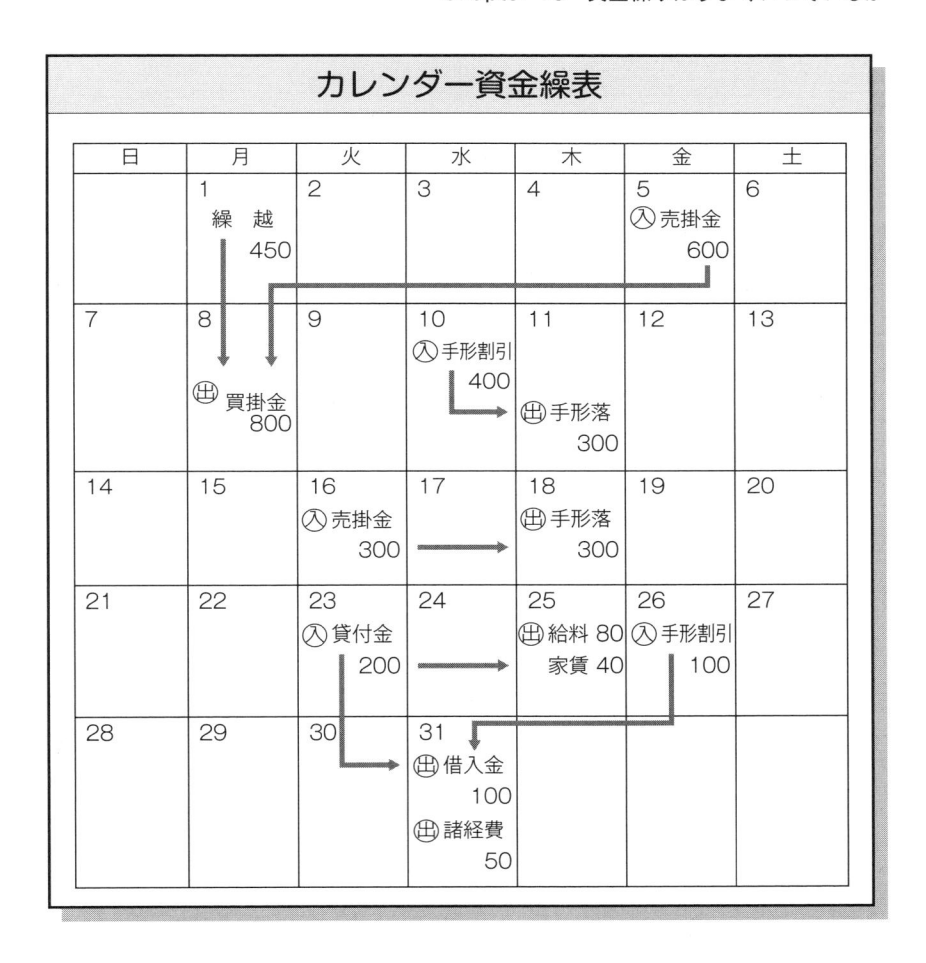

日	月	火	水	木	金	土
	1 繰　越 450	2	3	4	5 ㊇売掛金 600	6
7	8 ㊆買掛金 800	9	10 ㊇手形割引 400	11 ㊆手形落 300	12	13
14	15	16 ㊇売掛金 300	17	18 ㊆手形落 300	19	20
21	22	23 ㊇貸付金 200	24	25 ㊆給料 80 家賃 40	26 ㊇手形割引 100	27
28	29	30	31 ㊆借入金 100 ㊆諸経費 50			

5　実績の資金表と見積もりの資金表

　資金繰りは，収入と支出をコントロールすることですが，そのためには，いろいろな種類の**資金表（資金計算書）**を利用します。

　資金表には，**実績を表示する資金表**と**見積もりの資金表**があります。上に紹

介したカレンダー式の資金繰表は見積もりの資金表に属するものです。

　資金表は，収支の把握の仕方によって，次のような種類があります。

資金表の種類

「**資金運用表**」＝当期と前期の貸借対照表項目を比べてみると，項目ごとに増減があります。この増減は，資金の流入（資金の源泉）か資金の流出（資金の運用）に当たるので，これらを分類整理して一覧表示したものを資金運用表といいます。主に，実績を表示する資金表として作成されます。

「**資金移動表**」＝これを作成するには，直接法と間接法という２つの方法があります。いずれの方法でも，資金運用表と違い，損益（計算書）のデータも利用します。たとえば，当期の売上げによる収入は，「当期の売上高マイナス売上債権増加額」として計算します。この資金表も，実績を表す資金表として作成されることが多いようです。

「**資　金　繰　表**」＝現金資金を①前月繰越金，②収入，③支出，④次月繰越金のように４区分（６区分する方法もある）して表示する資金表です。この資金表は実績表としても見積もりによる計画表としても作成されます。

　このようにたくさんの資金表が考案されていますが，最近では，アメリカ，イギリスをはじめ，わが国でも，資金としては「キャッシュ」つまり現金・預金に限定した計算書が作成されるようになってきました。そこで作成される資金表を「**キャッシュ・フロー計算書**」とか「**キャッシュ・フロー表**」と呼んで

Chapter 15 資金繰りはうまくいっているか

います。以下では，主に，キャッシュを重視した「資金繰表」について述べることにし，キャッシュ・フロー計算書については次章で紹介します。

なお，わが国の企業は，英米の企業と違って有価証券などの金融資産への投資が盛んに行われているため，**現金・預金に加えて一時所有の市場性ある有価証券も「キャッシュ」に含めて資金繰りを考える必要があります**。このことについては後で詳しく述べます。

しかし，有価証券は現金預金と違って，たとえ市場（証券取引所）があっても，いつでも現金化できるわけではないし，また，現金化しうる額も不安定です。わが国の企業が公表する資金収支の実績表をみる場合には，そうした点を注意する必要があるでしょう。

資金繰表には決まった様式というものはありません。その企業にあったものであれば，カレンダーに直接書き込んだものでも，後で紹介する，**1部制の資金繰表とか3部制の資金繰表**でもよいのです。要は，①資金の動きがよくわかって，②将来の対策が立てやすいものであれば形式を問わないのです。

6　見積損益計算書と見積資金繰表

見積もりによる次期の損益計算書と資金繰表を作成したところ，次頁の図表のようになったとしましょう。

損益計算書と資金繰表

見積損益計算書（万円）

項目	金額
売上高	3,600
売上原価	2,400
売上総利益	1,200
販管費	900
（内．減価償却費100）	
経常利益	300
税金	150
税引後利益	150

見積資金繰表（万円）

	項目	金額
	次期繰越	400
収入	売上げ収入	3,000
	計	3,000
支出	仕入れ支出	2,600
	諸経費	800
	設備投資	200
	計	3,600
	収支過不足	△ 600
	次期繰越	△ 200

　今期の見積もりによる税引後利益は150万円です。しかし，資金繰表を見ますと，前期繰越の資金が400万円あったにも関わらず，次期繰越はマイナス200万円となっています。損益計算書と資金繰表を比べながら，その原因を探ってみましょう。

▷売上高と売上げ収入の差

　損益計算書の売上高は3,600万円ですが，資金繰表を見ますと売上げ収入は3,000万円です。差額の600万円は，掛け売りのために資金が回収されていないと予想されます。これが資金を減少させる原因となっているのです。売上げはすべて現金収入を伴うものとして扱われていますので，売掛金が増加すると，同じ額だけ資金が減少するものとして計算されるのです。

▷売上原価と仕入れ支出

　損益計算書の売上原価は2,400万円，資金繰表の仕入れ支出は2,600万円です。

2,600万円分の商品を仕入れ，2,400万円分を売ったのですから，200万円は在庫が増加したものと考えられます。これも資金の減少になります。

▷減価償却費

　損益計算書の販管費は900万円で，資金繰表の諸経費の支出は800万円です。費用として900万円計上されながら支出は800万円ということは，現金の支出を伴わない費用が100万円あることになります。損益計算書の販管費に内書きとして減価償却費100万円が記載されています。減価償却費が計上された分は現金の支出を伴いませんので，その額だけ資金が増加するものとして計算するのです。

▷税　　金

　経常利益は税金を払う前の（税引前）金額ですが，税金は当期中には支払わなくてもよいとして，見積もりの資金繰表では支出項目にあげていません。そこで，経常利益300万円を全額資金の増加要因とみています。

▷設備投資

　期中に設備投資の計画があり，200万円を支出する予定です。この投資は減価償却されるまでは費用化（資金回収）されないので，全額資金の減少となります。

　以上の検討をまとめたのが次の表です。期間としてみると資金は600万円減少します。前期からの繰越資金400万円を充当しても，200万円不足します。この資金不足額をどうやって埋めるか，それを考えるのが資金繰りです。売掛金の回収を早める，仕入れを抑える，期中に予定している設備投資を延期する，新たな資金を調達する，いろいろな手が考えられるでしょう。

資金の増加と減少

(単位:万円)

資金の減少要因
- (1) 売掛金の増加　　600
- (2) 在庫の増加　　　200
- (3) 設備投資　　　　200
- 　　　計　　　　　1,000

資金の増加要因
- (1) 経常利益　　　　300
- (2) 減価償却費　　　100
- 　　　計　　　　　　400

資金の不足　　　　　600

7　1部制の資金繰表

　1部制の資金繰表は、次頁の図表にみるように、収入と支出を網羅的に対照表示するものです。

　基本構造としては、①前月繰越、②当期収入、③当期支出、④次月繰越、の4区分とし、収入と支出は、売上げ入金、手形割引、借入れ、雑収入などの収入と、仕入れ支払い、販管費支払い、設備投資、借入金返済、雑支出などの支出に細分します。

　資金繰表は、資金繰りに役立てるために作成されるものですから、過去の月は**実績値**で記入し、将来については**見積もり値**を記入します。たとえば、7月以降の資金繰りを検討するときは、4月から6月までは実績値を、7月以降は

Chapter 15　資金繰りはうまくいっているか

見積もり値を記入するのです。過去の実績は将来の見積もりの基礎になるという意味で非常に役に立ちますので，これを参考にして将来の資金繰りを考えるのです。

１部制の資金繰表

科　　目			4月	5月	6月	7月	8月
前　月　繰　越							
収入	売上げ	現金売上げ					
		売掛金回収					
		受取手形入金					
	手　形　割　引						
	借　入　金						
	雑　収　入						
	計						
支出	仕入れ	現金仕入れ					
		買掛金支払い					
		支払手形決済					
	販売費・管理費						
	支　払　利　息						
	設　備　投　資						
	借　入　金　返　済						
	雑　支　出						
	計						
次　月　繰　越							

■ 8　3部制の資金繰表

上に紹介した1部制の資金繰表は，収入も支出も発生原因別に分類されていないため，資金繰りが苦しくなってきても，その原因を把握しにくいという欠点があります。

そうした欠点を補うには，**収入と支出をその発生源泉別に分類**して，発生源泉を同じくする収支を対応させる必要があります。次に紹介する**3部制の資金繰表**はそうした対応表示の工夫が加えられています。

3部制の資金繰表は，すべての収入・支出を次のように3つに区分して対照表示します。

① 経 常 収 支

経常収支は，主たる営業活動（本業）に関係する収入・支出と，営業外活動（主に財務活動）のうち資金調達活動の収支（借入れとその返済・増資）を除いたもの（主に，利息・配当金の受取りと支払い）をいいます。

収入としては，売上げ収入と営業外収益の収入（財テクの収入）があり，支出としては，商品代価，原材料代価，販管費の支払い，営業外費用（財テクの支出）があります。

② 設備等の収支

設備等の収支は，①にも入らず③にも入らない収支をいいます。収入としては，固定資産の売却代金や有価証券の売却代金などがあり，支出としては，固定資産の取得にかかる代金，有価証券の取得代金，税金・配当金・役員賞与などの支払いがあります。

Chapter 15 資金繰りはうまくいっているか

③ 金融関係の収支

これには資金調達活動の収支が含まれ，収入としては，借入れ，社債の発行，手形割引，増資などによる収入があり，支出としては，借入金の返済，社債の償還，減資などによる支出があります。

次に，3部制の資金繰表を例示しておきます。

3部制の資金繰表

科目			4月	5月	6月	7月	8月	9月
前　月　繰　越　(A)								
経常収支	収入	現 金 売 上 げ						
		売 掛 金 回 収						
		受 手 期 日 回 収						
		雑　　収　　入						
		合　　計　(B)						
	支出	現 金 仕 入 れ						
		買 掛 金 支 払 い						
		支 手 決 済						
		販 管 費 支 払 い						
		利 息 支 払 い						
		雑　　支　　出						
		合　　計　(C)						
	差引 (D) ＝ (B) － (C)							
設備等の収支	収入	有価証券売却						
		………………						
		合　　計　(E)						
	支出	機　械　購　入						
		………………						
		合　　計　(F)						
	差引 (G) ＝ (E) － (F)							
金融収支	収入	借　入　れ						
		手 形 割 引						
		………………						
		合　　計　(H)						
	支出	借 入 金 返 済						
		社 債 償 還						
		………………						
		合　　計　(I)						
	差引 (J) ＝ (H) － (I)							
収支残合計　(K)　＝ (D) ＋ (G) ＋ (J)								
次月繰越　(L) ＝ (A) ＋ (K)								

9 資金繰りはボクシング

ところで上に紹介した３部制（この名称は便宜的に付けられたもので，資金繰表自体に決まった形がないことから正式な名称もありません）の資金繰表では，資金として「現金預金」，つまり，保有する現金と要求払いの預金を想定しています。ところが，わが国の企業においては，余裕資金（余資）を有価証券（とくに上場株式）によって運用することが一般化しています。上場会社（銀行・証券を除く）１社平均で100億円，全社で20兆円もの有価証券を短期所有しているのです。資金繰りにおける有価証券の役割はきわめて大きいといえるでしょう。

これまで紹介した資金繰表は，有価証券は売却されてはじめて資金収入として扱うものでした。しかし，わが国企業の資金繰り・資金運用を見ますと，短期所有の上場証券は資金繰りのかなめの１つです。一時所有の有価証券は「**資金のたまり**」ともいうべきものです。そこで，現金預金だけでなく，有価証券をも含めた資金概念の資金繰表が必要になるのです。

従来，わが国の「**有価証券報告書**」に記載されていた資金表は，そうした資金概念を採用していました。しかし，会計ビッグバンによって導入された「キャッシュ・フロー計算書」では，株式などは価格変動リスクが大きいとして資金（キャッシュ）の範囲から除かれています。

導入されたキャッシュ・フロー計算書は，そうした点で，わが国の実状を十分に反映したものとはなっていません。わが国の場合，株式などの有価証券が「余裕資金のたまり」になっている以上，たとえば，キャッシュ・フロー計算書の欄外に，おおざっぱな時価情報を記載するなどの工夫が必要なのではないかと思われます。

この「キャッシュ・フロー計算書」については，章を改めてお話しします。

　本章では，資金繰表の概要を紹介しました。資金繰りは，企業の生命線です。しかも，たった1回の失敗が致命傷になるのです。よくいわれますように，**資金繰りはボクシングと同じで**，一度マットに沈んだらそれで終わりなのです。敗者復活戦などはありません。

　これに比べますと，本業のほうは，リーグ戦みたいなもので，一度くらい失敗しても失地回復のチャンスはいくらでもあります。本業では常勝軍でなくてもいいのですが，**資金繰りだけは連戦連勝**しなければ企業生命を失うのです。

CHAPTER 16

キャッシュ・フロー計算書

1 営業循環とキャッシュ・フロー計算書
2 キャッシュ・フローとは
3 直接法と間接法
4 3つのキャッシュ・フロー
5 キャッシュ残高を読む

1 営業循環とキャッシュ・フロー計算書

営業活動に投下された資金は，最初は現金の形を取ります。この現金で商品や原材料を仕入れ，仕入れた商品や原材料を加工してできた製品を販売して改めて現金（現金になる前に売掛金や受取手形の形を取ることもある）を回収します。こうした「**投下した現金**」から「**回収される現金**」への資金の動きを「**営業循環**」といいます。

この営業循環は，見方によっては，現金からスタートして現金に戻る「**資金循環**」でもあるのです。「**キャッシュ・フロー計算書**」は，この資金循環における**資金運動量を測定**したものです。

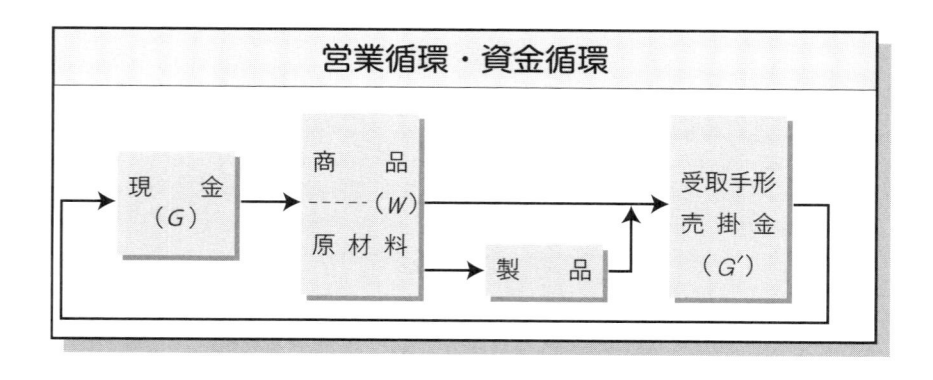

営業循環・資金循環

現金 (G) → 商品 ----- (W) 原材料 → 製品 → 受取手形 売掛金 (G')

2 キャッシュ・フローとは

キャッシュ・フローは，おおざっぱにいいますと，上の図の資金循環に入ってくるフローと現金に戻ってくるフローを**キャッシュ・インフロー**として把握し，資金循環から出ていくフローと現金が他の資産に変わるフローを**キャッ**

Chapter 16 キャッシュ・フロー計算書

シュ・アウトフローとして把握するものです。企業を1つの大きな貯金箱として見たときの，貯金（現金）の出し入れをキャッシュ・フローというのです。

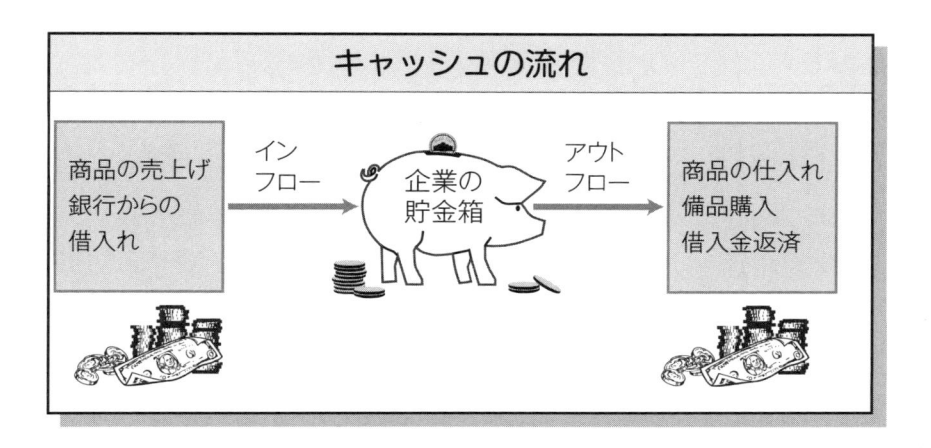

キャッシュの流れ

| 商品の売上げ
銀行からの
借入れ | → インフロー → | 企業の貯金箱 | → アウトフロー → | 商品の仕入れ
備品購入
借入金返済 |

1年間（または半年）のキャッシュ・インフローとアウトフローを，その種類別に分けて一覧表にしたのが，キャッシュ・フロー計算書です。

▷キャッシュ・フロー計算書の種類

キャッシュ・フロー計算書には，次のような種類があります。

キャッシュ・フロー計算書の種類

連結財務諸表として作成される計算書
　　① 連結キャッシュ・フロー計算書
　　② 中間連結キャッシュ・フロー計算書

個別財務諸表として作成される計算書
　　① キャッシュ・フロー計算書
　　② 中間キャッシュ・フロー計算書

個別のキャッシュ・フロー計算書も連結キャッシュ・フロー計算書も，作り方は基本的に同じです。そこで，以下では，両者を合わせて，単に，キャッシュ・フロー計算書ということにします。

▷キャッシュには何が入るか

キャッシュの概念には，「**現金**」と「**現金同等物**」が入ります。この場合の「現金」には，①**手許現金**と②**要求払預金**が含まれます。ここで，要求払預金とは，普通預金，当座預金，通知預金のように，預金者がいつでも引き出せる預金をいいます。**定期預金**は満期が来ないと引き出せないため，現金には含めません。

▷現金同等物には何が入るか

「**現金同等物**」は，「容易に換金可能であり，かつ，価値の変動について僅少なリスクしか負わない短期投資」としての性格を持つ資産をいいます。株式のように価格変動リスクの大きいものは資金（キャッシュ）の範囲から除かれます。

資金（キャッシュ）の範囲（例示）

現　　　金＝①手許現金，②要求払預金（当座預金，普通預金，通知預金など）

現金同等物＝取得日から満期日（償還日）までが３か月以内の定期預金，
　　　　　　譲渡性預金，コマーシャル・ペーパー，売戻し条件付き現先，
　　　　　　公社債投資信託

会計基準では，現金同等物に何を含めるかを「経営者の判断」に委ねることにしています。経営者が「**容易に換金可能**」で「**価値変動が小さい短期投資**」と考えるものを資金（現金同等物）概念に含めてよいとするのです。

Chapter 16 キャッシュ・フロー計算書

▷なぜ経営者の判断に委ねるのか

経営者の判断が入る余地を大きく認めるのは，1つには，上の例示に示されるように，該当すると考えられる投資等が非常に多岐にわたり，個別の判断が必要なためです。もう1つは，キャッシュ・フロー計算書が次のような性格を持つからです。

キャッシュ・フロー計算書は，財務諸表の1つとして作成されることになりましたが，貸借対照表や損益計算書と違って，財産の計算や損益の計算，あるいは，利益の分配（配当など）とは関係がありません。複式簿記のシステムからアウトプットされるものではないのです。あくまでも，**資金の流れに関する情報**を公開するために**会計データを寄せ集めて作った計算書**です。そのために，資金として何を含めようとも，利益が変わったり財産の有り高が変化することはありません。そこで，細かいルールを設けずに，各企業が資金（現金同等物）と考えるものを含めてもよいことにするのです。

▷キャッシュ・フローの源泉別分類

キャッシュ・フロー計算書では，**資金の流れを企業活動の種類**に合わせて，次の3つに区分します。

キャッシュ・フローの種類
(1) 営業活動によるキャッシュ・フロー
(2) 投資活動によるキャッシュ・フロー
(3) 財務活動によるキャッシュ・フロー

(1) **営業活動によるキャッシュ・フロー**

ここで，営業活動によるキャッシュ・フローとは，主として，商品や製品を仕入れたり販売したりする取引（営業活動）に伴うキャッシュ・フローです。

営業活動に伴って取得した受取手形を銀行で割り引いた場合の収入もここに含まれます。

(2) **投資活動によるキャッシュ・フロー**

　投資活動によるキャッシュ・フローは，機械装置や車両運搬具を購入したり売却したりしたときのキャッシュ・フローや，短期投資（現金同等物に含まれるものを除く）を取得したり売却したりしたときの資金フローをいいます。

(3) **財務活動によるキャッシュ・フロー**

　財務活動によるキャッシュ・フローは，資金調達と返済によるキャッシュ・フローをいいます。具体的には，株式を発行したときの収入，自社株を取得したときの支出，社債の発行・償還や，借入金の増減による資金収支などです。

　「**投資活動**」と「**財務活動**」というのは，通常の事業会社にとっては，いずれも本業以外の活動です。損益計算書を作成するときに，「営業損益」を計算する区分と，営業損益に営業外損益を加減して「経常損益」を計算する区分がありました。キャッシュ・フロー計算書では，この「営業外（本業以外）」の活動を「投資活動」と「財務活動」に分けているのです。

　上で示したように，「**投資活動**」は，利子・配当・売却益が出るような資産への資金の投下で，「**財務活動**」は営業資金の調達とその返済に関わる活動をいいます。

Chapter 16 キャッシュ・フロー計算書

収入	営業活動によるキャッシュ・フロー		支出
	商品・製品の販売による収入	商品の仕入れによる支出	
	利息・配当金の受取りによる収入	法人税等の支払いによる支出	
	投資活動によるキャッシュ・フロー		
	固定資産の売却による収入	固定資産の取得による支出	
	有価証券の売却による収入	有価証券の取得による支出	
	貸付金の回収による収入	貸し付けによる支出	
	財務活動によるキャッシュ・フロー		
	株式の発行による収入	自己株式の取得による支出	
	社債の発行による収入	社債の償還による支出	
	借入れによる収入	借入金の返済による支出	
		配当の支払いによる支出	

3 直接法と間接法

　キャッシュ・フロー計算書には，営業収入（売上高）からスタートする形式と税引き前当期純利益からスタートする形式があります。前者を**直接法**，後者を**間接法**といいます。

▷直接法と間接法のメリット

　直接法は，売上高からスタートするために，営業活動のキャッシュ・フローが総額で示されるというメリットがあり，間接法は，純利益と営業活動のキャッシュ・フローとの関係が明示されるというメリットがあります。いずれの方法で作成することも認められていますが，直接法は実務上手数がかかるということから，間接法によって作成する会社が多いようです。

間接法で作成したキャッシュ・フロー計算書のひな形（モデル）を示しておきます。－（マイナス）の記号がついているのは減少項目ということですが，必ずしもキャッシュ・アウトフローを意味していません。

　間接法では当期純利益をスタート地点とします。当期純利益は発生主義に基づいて測定されたものですから，売上げの対価を現金で受け取っているかどうか，計上した費用を現金で支払い済みかどうかとは関係がありません。そこで，**収益のうち現金で回収していない部分と費用のうち現金で支払っていない部分**を調整する必要があります。

　たとえば，営業活動によるキャッシュ・フローに「**減価償却費**」が入っているのは，これが**現金支出を伴わない費用**であるからです。売掛金の増加がマイナス項目なのは，当期の売上高よりも売掛金の増加分だけ**現金の回収が少ない**ということです。

　商品（在庫）が増加するということは，次期以降に販売する商品を余分に仕入れ，その代金を支払ったということになります。在庫が減少すれば，逆に，仕入れる商品への支払いが減ったということになるのです。

　買掛金が増加するというのは，当期の仕入れ代金を買掛金が増加した額だけ少なく支払っているということになり，買掛金が減少すれば，その逆になります。

キャッシュ・フロー計算書

Ⅰ	営業活動によるキャッシュ・フロー	
	税引き前当期純利益	300
	減価償却費	30
	有価証券売却損	20
	売掛金・受取手形の増加額	−60
	棚卸資産の減少額	40
	買掛金・支払手形の増加高	30
	小　計	360
	法人税等の支払額	−150
	営業活動によるキャッシュ・フロー	210
Ⅱ	投資活動によるキャッシュ・フロー	
	有価証券の売却による収入	200
	有形固定資産の取得による支出	−160
	投資活動によるキャッシュ・フロー	40
Ⅲ	財務活動によるキャッシュ・フロー	
	短期借入れによる収入	100
	社債の償還による支出	−80
	財務活動によるキャッシュ・フロー	20
Ⅳ	現金及び現金同等物の増加額	270
Ⅴ	現金及び現金同等物の期首残高	2,400
Ⅵ	現金及び現金同等物の期末残高	2,670

4　3つのキャッシュ・フロー

▷営業活動のキャッシュ・フロー

　キャッシュ・フローには，3つの種類があります。最も重要なのは，営業活動のキャッシュ・フローです。このキャッシュ・フローは，本業による資金収支の残高ですから，普通は**営業利益**に近い金額になります。

　もしも，営業活動からのキャッシュ・フローが営業利益の額よりも大幅に小さいときは，在庫が増えたか，仕入債務（買掛金や支払手形）が増加しているはずです。逆に，営業利益よりも大きい場合には，在庫が減少したり買掛金の回収が早まっているということです。

営業利益＞営業活動によるキャッシュ・フロー
主な原因：在庫の増加，買掛金の増加

営業利益＜営業活動によるキャッシュ・フロー
主な原因：在庫の減少，買掛金の減少

▷投資活動のキャッシュ・フロー

　わが国の場合，「投資活動によるキャッシュ・フロー」は，余裕資金（余資ともいう）の運用によるキャッシュ・フローという側面があります。英米の企業は，余裕資金が出たら配当や自社株買いなどを使って株主に返すのが普通ですが，日本の企業は，余裕資金が出たら他社の株などに投資して運用し，将来の資金需要や研究開発に備えます。

　この区分のキャッシュ・フロー総額がプラスになっているときは，**投資を引き上げている**ということであり，マイナスになっているときは，**資金を追加投**

下していることを表しています。

プラスのときは引き上げた資金を何に使っているかを見ておく必要があり，マイナスのときは，どこから手に入れた資金を投資しているかを見ておく必要があります。いずれも，キャッシュ・フロー計算書をよく観察するとわかることです。

> **投資活動によるキャッシュ・フローが増加**
> 主な原因：投資の回収
> 見るポイント：回収した資金のゆくえを見る
>
> **投資活動によるキャッシュ・フローが減少**
> 主な原因：新規の投資か追加の投資
> 見るポイント：資金の出所を見る

▷**財務活動のキャッシュ・フロー**

「財務活動によるキャッシュ・フロー」は，総額でプラスになっていれば，それだけ純額で資金を調達したということを意味します。マイナスであれば，調達した資金を純額でそれだけ返済したということです。

資金を返済したときは，その返済財源が何であったかを調べてみる必要があります。また，資金を調達したときは，その資金を何に使っているかを見てみる必要があります。これも，キャッシュ・フロー計算書をながめているとわかることです。

財務活動によるキャッシュ・フローが増加
主な原因：追加の資金を調達
見るポイント：資金を何に使ったか
財務活動によるキャッシュ・フローが減少
主な原因：資金を返済
見るポイント：何を財源として返済したか

　キャッシュ・フロー計算書の末尾には，当期首のキャッシュ残高と期末のキャッシュ残高が示されています。キャッシュ残高は，きわめて流動性の高い「現金」と「現金同等物」の合計ですから，次期においてすぐに支払手段として使えるものです。

5　キャッシュ残高を読む

　期首の残高と比べて期末の残高が小さいときは，**支払能力が低下**していることを意味し，残高が大きくなっているときは，**支払能力が増大**していることを意味しています。

　ただし，ここでいう「キャッシュ」は，すでに現金になっているか，おおむね3か月以内に現金に換わる資産のことですから，きわめて**短期的な支払能力**を見ていることになります。

　企業の経営分析では，「**流動比率**」とか「**当座比率**」が使われます。中期的な支払能力，あるいは，企業の正常な営業活動を前提にした支払能力を見るには流動比率がよく，即時の，あるいは，短期的な支払能力は当座比率を見るとよい，といわれています。**当座比率は**「返済能力のリトマス試験紙」です。

188

Chapter 16　キャッシュ・フロー計算書

　では，これらの比率と，キャッシュ残高は，どのように使い分けたらよいのでしょうか。

▷キャッシュ残高と流動比率の使い分け
　流動比率と**当座比率**は，**比率**です。絶対額（金額）ではありません。**キャッシュ残高**は，比率ではなく，**絶対額**です。もしも，キャッシュ残高を使って比率を求めるのであれば，次のような計算をすればよいでしょう。

$$3か月以内の支払能力 = \frac{キャッシュ残高}{流動負債} \times 100 (\%)$$

▷日本の大企業は資金繰りでは倒産しない
　キャッシュ・フロー計算書はアメリカで誕生したものです。それは，ある時期，アメリカの企業が資金繰りに失敗してバタバタと何万社も倒産したからです。

　損益計算書や貸借対照表では，会社の資金繰りがよいのかどうかまではわかりません。そこで，アメリカでは，資金繰りの状況を投資家に報告するために，キャッシュ・フロー計算書を作成するようになったのです。

　ところで，わが国の場合ですが，**資金繰りに失敗して倒産**するのは，決まって**中小企業**です。大手の企業は，資金繰りで倒産することはほとんどありません。

　最近になって倒産した企業を思い浮かべてみるとよいでしょう。大手の証券会社，大手の銀行・生保，大手の建設会社，どの例を取っても，資金繰りに失敗したわけではないのです。

わが国の場合，大手の会社が倒産に至るのは，ほぼ間違いなく，**債務超過**が原因です。会社の純資産よりも負債のほうが大きくなって倒産するのです。

　そうしたことを考えると，わが国の場合，**キャッシュ・フロー計算書**（あるいは，**資金繰表**）が**必要なのは，大企業ではなく，中小企業**であろうと思われます。

　今度の会計ビッグバンでは，大企業にキャッシュ・フロー計算書の作成が義務づけられましたが，これが1つの契機となって，中小企業でもキャッシュ・フロー計算書が活用されるようになることが期待されています。

　なお，キャッシュ・フロー計算書の「作り方」と「読み方」については，本シリーズの『会計と監査の世界―監査役になったら最初に読む会計学入門』で詳しく紹介しましたので参照してください。

CHAPTER 17

会社は社会に貢献しているか

1 給料を減らせば利益は増える
2 儲け過ぎに対する社会的批判
3 生産性とは何か
4 付加価値とは何か
5 付加価値の計算
6 減価償却費の扱い
7 付加価値は適正に配分されているか
8 付加価値の増減と企業成長の健全性

1　給料を減らせば利益は増える

　企業の利益というのは，収益（売上高や受取利息）から費用（売上原価や給料，販売費など）を差し引いて計算されます。**収益と費用との差額**なのです。したがって，**利益を大きくするには収益の側を伸ばすか費用のほうを減らす**ということになります。費用を削減する場合，企業努力によるコストダウンに成功したというのなら問題はありませんが，**給料をカット**したり**昇給を抑え**たりして費用の削減を図ったとしたらどうでしょうか。

　利益は差額として計算されるものですから，不合理・不適切な方法によって費用が削減されても，その削減分だけ利益は増えるのです。**減価償却費を過小に計上**したり，**貸倒れの見積もりを低く抑え**たり，**収益的支出**（たとえば修繕費の支出）を**資本的支出**（たとえば固定資産の購入）として処理したりすれば，たしかに計算上の費用は削減され利益の額は大きくなります。しかし，こうした方法で利益を増大しても，いずれ企業は財政状態の悪化を招くでしょう。

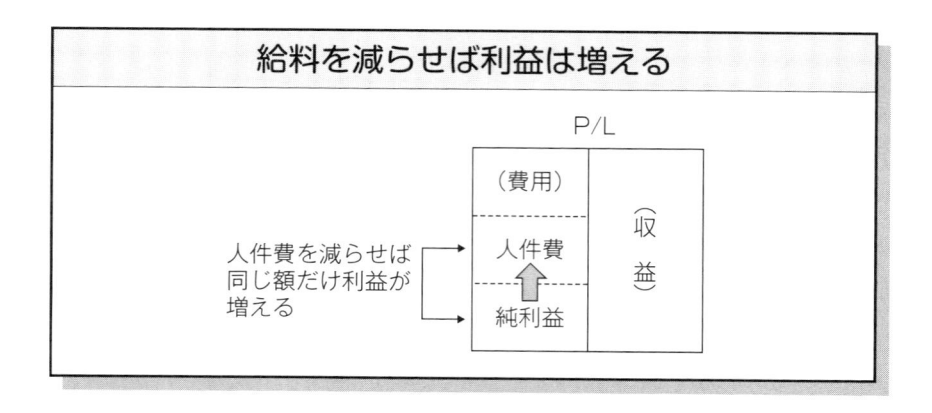

給料を減らせば利益は増える

```
                              P/L
                    ┌─────────────┬──────┐
                    │   （費用）  │      │
                    ├─────────────┤ 収   │
 人件費を減らせば ──→│   人件費    │      │
 同じ額だけ利益が    │ - - ↑ - - - │ 益   │
 増える        ──→│   純利益    │      │
                    └─────────────┴──────┘
```

　より問題なのは，利益の額を大きくしようとして，従業員（労働者）の給

Chapter 17 会社は社会に貢献しているか

与・賃金をカットしたり，昇給を不当に抑えたりした場合です。従業員（労働者）に適正な給与・賃金を支払わずに利益の大きさだけを追求するというのであれば，いずれ労働者の生産意欲や向上心を減退させることになり，ひいては消費者からも反感を買うことになります。

2 儲け過ぎに対する社会的批判

今や，企業がひたすら利潤の追求に走れる時代ではありません。電力会社やガス会社は，ひと昔前のオイル・ショック時の原油価格をベースに電気やガスの価格を決めてきましたが，そのため隠し切れないほどの利益が上がり，世間から猛烈な批判を浴びたこともあります。

ある大手自動車メーカーの社長は，儲け過ぎだとの批判に対し，儲けることによって多額の税金を支払っているのだから社会的責任は果たしている，と開き直ったことがありました。

税金をたくさん納めているということは，たしかに社会的な貢献の1つです。しかし企業の**社会的責任**というのは，**労働環境**や**給与**，**消費者に供給する商品やサービスの価格や質**，**アフターサービス**，**地域社会・国際社会への貢献**など様々な側面を持っています。税金の多少だけで社会的責任を論じるのは適切ではありません。

3 生産性とは何か

利益をいかに大きく計上しても，それが企業の能率によって裏打ちされたものでなければ長続きしません。いつかは労働者の勤労意欲を失わせるか，消費

者の購買意欲を減退させ，結局，収益力の低下を招くことになります。真の収益力というものは，企業の能率によって裏打ちされたものをいうのです。

ここで**企業の能率**というのは，**生産要素のインプットとアウトプットの関数**で，一般に**生産性**と呼ばれます。これと**資本利益率**を対比してみると両者の違いがよくわかります。

$$生産性 = \frac{アウトプット}{インプット} \qquad 資本利益率 = \frac{利\ 益}{資\ 本}$$

生産性が高いとか低いというのは，生産活動にインプットされた生産要素の量に対し，アウトプットとして得られた生産物が多いか少ないことを指しています。つまり**生産の能率を生産性**と呼んでいます。

ところが，この生産の能率は**資本利益率**では示すことができません。なぜなら，非常に高能率で生産が行われていても，**賃金も高水準であればその能率の良さは資本利益率には反映されない**からです。賃金をカットしたり低水準に抑えたりすれば，利益は増加し資本利益率は上昇しますが，生産性が向上したことにはならないのです。

生産性を測定する場合，通常，インプットつまり生産要素としては，資本の投下による**生産設備**とその設備を動かす**労働力**を，またアウトプットとしてはその企業が独自に創出した価値，つまり**付加価値**を用います。生産設備と労働力の結合によってどれだけの大きさの付加価値を創出したか，これが生産性なのです。

Chapter 17　会社は社会に貢献しているか

$$生産性 = \frac{付加価値}{資本 + 労働力}$$

　このように生産性を測定するには資本（生産設備）の大きさ，従業員の人数，付加価値の額のデータが必要となります。

4　付加価値とは何か

　付加価値というのは，その企業が独自に創り出した価値，その企業の経営成果です。本書のはじめの方で紹介した話ですが，たとえば雪ダルマを3人で作ったとしましょう。Aさんは自分ひとりでバスケット・ボールくらいの雪ダルマにしてBさんに渡したとします。Bさんはさらにそれを大きくして直径1メートルほどにしてCさんに渡し，Cさんはさらに大きな雪ダルマにしたとします。この場合，A，B，C3人の付加価値は，それぞれが加えた雪の量です。

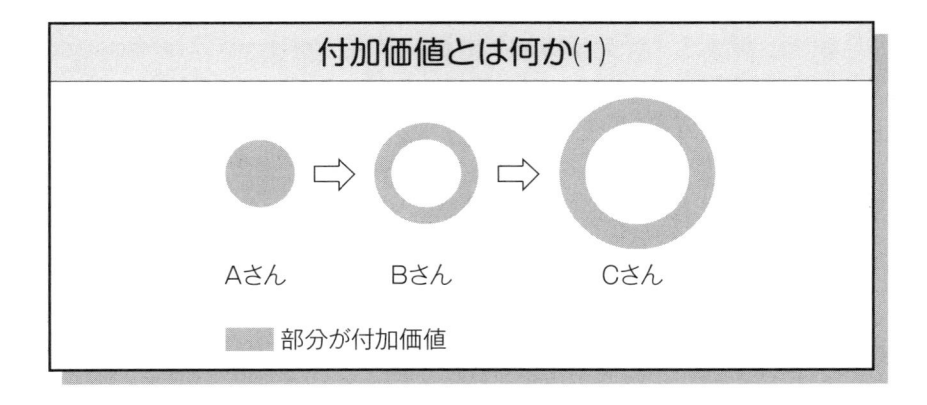

付加価値とは何か(1)

Aさん　⇒　Bさん　⇒　Cさん

■部分が付加価値

　もう少し現実的な話をします。Dさんは500円で仕入れた小麦粉でホット

ケーキを作り，1枚80円で10枚，合計800円で，喫茶店を営むEさんに売り渡し，Eさんはこれを客に1枚130円で提供したとしましょう。Dさんは800円の収入がありましたが，その全部がDさんの企業努力の成果ではありません。500円については小麦粉を作った人の努力の成果であり，Dさんはこれに300円分の成果を積み上げたのです。これがDさんの付加価値です。Eさんは1,300円の収入がありましたが，このうち800円は自分が努力したものではありません。したがってEさんが創り出した価値は1,300－800＝500円です。

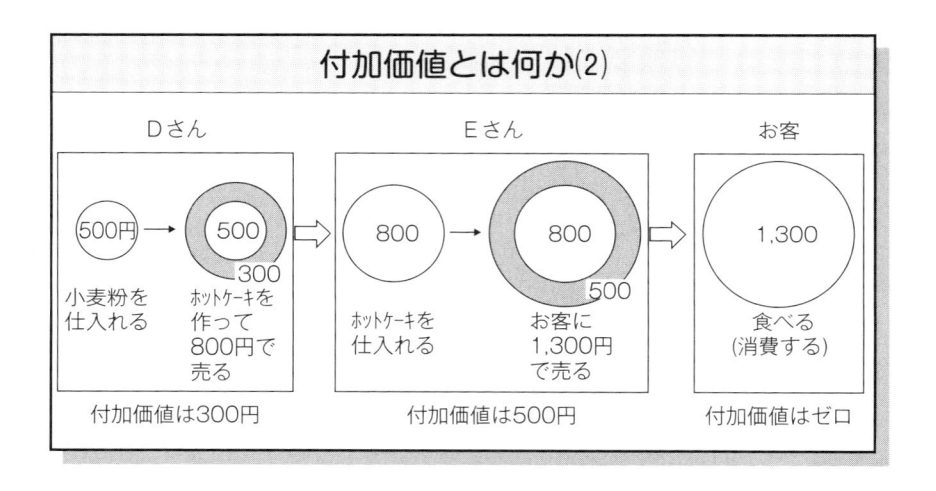

付加価値とは何か(2)

Dさん	Eさん	お客
500円 → 500 / 300	800 → 800 / 500	1,300
小麦粉を仕入れる / ホットケーキを作って800円で売る	ホットケーキを仕入れる / お客に1,300円で売る	食べる（消費する）
付加価値は300円	付加価値は500円	付加価値はゼロ

このように付加価値の計算においては，原材料（商品売買業なら仕入原価）は他人が作ったものであり，自分の創出した価値の計算から除外されます。上の例において，Dさんがいくらの利益を上げたか，Eさんがどれだけ儲かったかは，ここではとりあえず問題となりません。あくまでも，その企業が自ら創造した価値の大きさだけが問題とされるのです。Dさんがひとりでホットケーキを焼き，Eさんがアルバイトを使って喫茶店を経営しているとしても，付加価値の額は変わらないのです。

Chapter 17 会社は社会に貢献しているか

> （具体的な考え方）
> 　　付加価値＝売上高－仕入原価
> 　　付加価値＝生産高－原材料費

　売上高に占める付加価値の割合を**付加価値率**といいます。100円の売上げの中に，自分の企業が創り出した価値が何円含まれているかを示す比率です。

$$付加価値率 = \frac{付加価値}{売上高} \times 100 \; (\%)$$

5　付加価値の計算

　付加価値を金額的に算出するには，企業の生産高（または売上高）から他企業から受け入れた生産物の消費額（材料費，光熱費，減価償却費など）を控除して計算する方法（**減算法**または**控除法**）と，付加価値自体（人件費，利子，地代，税金，利益など）を加算して求める方法（**加算法**または**集計法**）があります。

(1) 減　算　法

　企業の生産高（または売上高）から，原材料費，外注加工費，光熱費，保険料などの他企業から提供を受けた財・用役の費消分を控除して計算します。

> 付加価値＝生産高（または売上高）－（材料費＋外注加工費
> 　　　　＋通信運搬費＋消耗品費＋光熱費＋保険料＋修繕費）

(2) 加　算　法

　加算法は付加価値を構成する諸要素を加算して付加価値の額を求めます。

> 付加価値＝人件費＋利息割引料＋地代＋租税＋利益

　理論的には上の２つの計算法による結果は一致しますが，計算の確実性から実務上は**加算法**が使われることが多いようです（より詳しい計算式は後で紹介します）。

　上の式から分かるように付加価値の計算では人件費も利益も合算されます。したがって**人件費を削減して利益を大きくしたとしても，付加価値総額は変わりません**。人件費を手厚くした結果，利益が少なくなった企業も，利益を大きくしようとして人件費を削った企業も，付加価値の総額で見るとありのままの姿が現われてきます。

6　減価償却費の扱い

　付加価値を計算すれば，企業が１年間に資本（設備）と労働力（従業員）を結合することによって，どれだけの価値を創り出したかがわかります。付加価値を総額で見れば，給与水準の高い企業も低い企業も関係なく生産性の良し悪しとして捉えられます。

　ところが問題なのは**減価償却費**です。減価償却費は外部から購入した資産の費消部分を表すものですから，原材料などと同じく他の者が生み出した価値であり，付加価値を構成するものではありません。しかし減価償却の実務を見ると，企業により減価償却の方法が異なり，しかもその方法は企業の**決算政策**に

より変更されることもあります。**特別償却**や**有税償却**を実施して利益を圧縮している企業もあれば、利益が不十分なために**償却不足**を起こしている企業もあります。

減価償却は、このように企業の決算政策や利益政策の最も重要な手段とされることが多く、計上されている償却費が適正な水準のものでないことが少なくありません。

加えて、最近では設備をレンタルやリースによって調達する記帳が増えてきました。これらの企業は減価償却費を計上せず、**賃借料**が計上されます。賃借料は付加価値の構成要素とされ、償却費は付加価値を構成しないとすると、全く同じ経営をしたとしても、**リースを利用したかどうかにより計算される付加価値の額が異なる**ことになります。

そこで付加価値を計算する場合には、本来の付加価値（**純付加価値**という）に減価償却費を加えて、**粗付加価値**（償却費控除前の付加価値という意味）とすることが行われます。

減価償却費を通した会計操作の影響を付加価値の計算から除去するために減価償却実施前の形に直して付加価値を計算するのです（ただし、減価償却費を加え戻すだけで、それに伴う税金の修正は行わない。税金は実際の負担額が計上されているからです）。またこうすれば、リースを利用している企業と設備を直接購入している企業との間の比較障害も小さくなります。

7　付加価値は適正に配分されているか

粗付加価値の計算は統計書により若干の差異がありますが、次にその代表的

なものを紹介します。

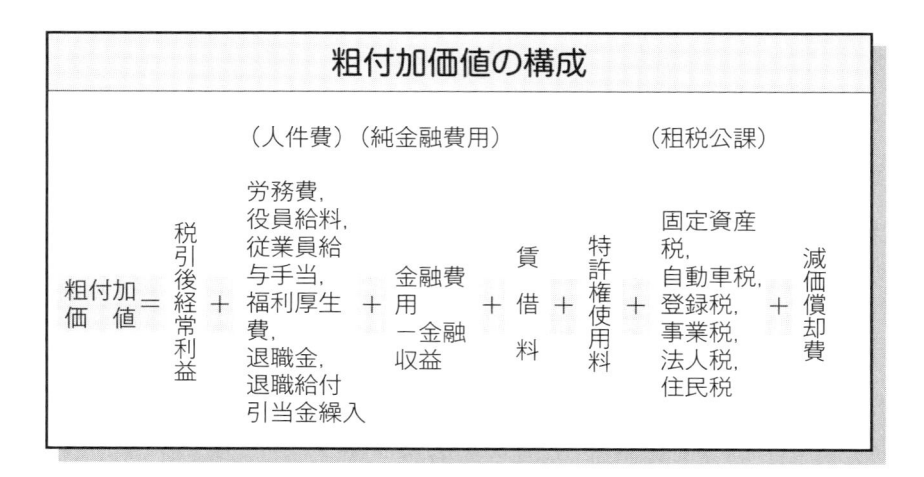

粗付加価値の構成

粗付加価値 ＝ 税引後経常利益 ＋ （人件費）労務費, 役員給料, 従業員給与手当, 福利厚生費, 退職金, 退職給付引当金繰入 ＋ （純金融費用）金融費用－金融収益 ＋ 賃借料 ＋ 特許権使用料 ＋ （租税公課）固定資産税, 自動車税, 登録税, 事業税, 法人税, 住民税 ＋ 減価償却費

　上の計算式は**粗付加価値**を求めるために，付加価値の構成要素を集計するものですが，この算式は企業が生み出した価値を，誰に，いくら配分しているか，も示しています。

　粗付加価値構成は少し見方を変えますと，**企業活動への参加形態別報酬**として把握できます。企業は人的・物的な集合体であり，株主だけでも，従業員だけでも，あるいは資本だけでも機能しません。

　株主が資本を出し，不足の資金を金融機関が提供し，地主・家主が土地や建物を，特許権所持者がその使用権を，役員・従業員が専門知識や労働力を提供し，国家や地方自治体は営業や生産の許可を与えたり，政府としてのサービス（道路や港湾の建設，独占的営業の許可，不況期の財政的支援，交易上の便宜など）を提供して初めて企業は機能するのです。したがって，これらの人々や組織がそれぞれ独自の役割を持って，直接・間接に企業活動に参加しているということができます。

Chapter 17　会社は社会に貢献しているか

　次の図は**付加価値構成**を，企業活動への**参加形態別報酬**として把握することができることを示したものです。

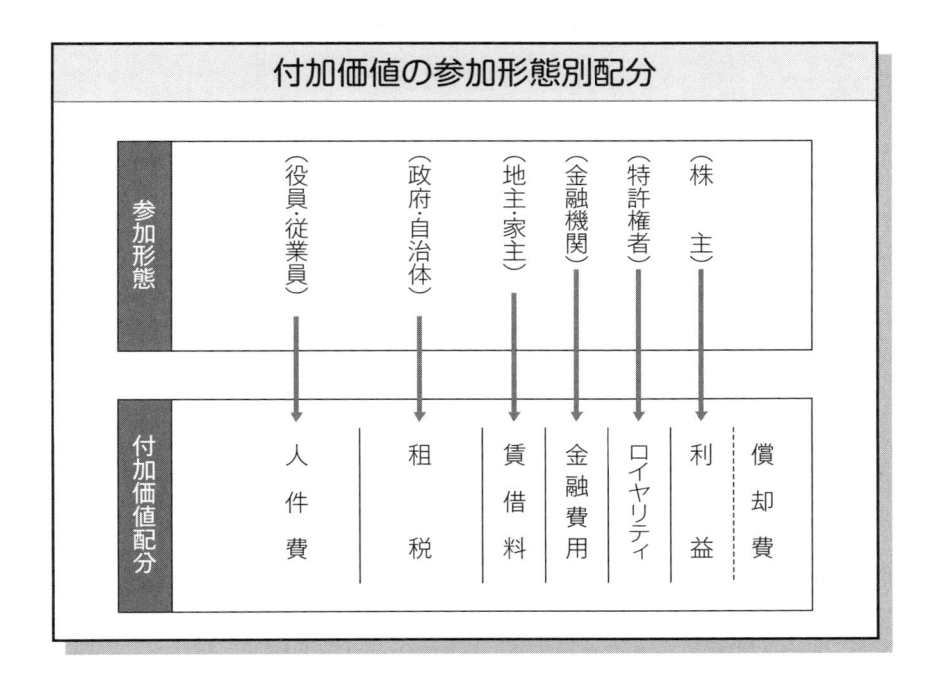

付加価値の参加形態別配分

参加形態	(役員・従業員)	(政府・自治体)	(地主・家主)	(金融機関)	(特許権者)	(株　主)	
付加価値配分	人件費	租税	賃借料	金融費用	ロイヤリティ	利益	償却費

ブリヂストンの場合，付加価値は次のように配分されています。

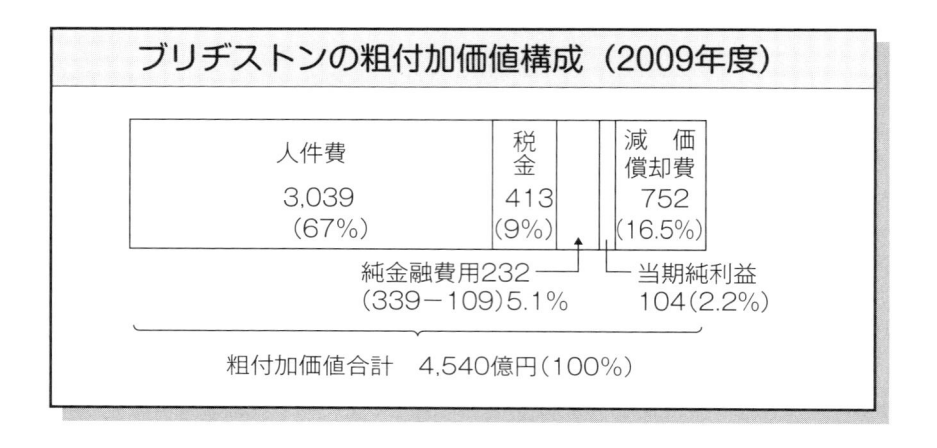

```
ブリヂストンの粗付加価値構成（2009年度）

  人件費          税金      減価償却費
  3,039           413       752
  (67%)           (9%)      (16.5%)
          純金融費用232 ─┘  └─ 当期純利益
          (339－109)5.1%     104(2.2%)

  粗付加価値合計　4,540億円(100%)
```

8　付加価値の増減と企業成長の健全性

　企業の成長・衰退を端的に表すのは，①売上高，②総資本，③経常利益，④従業員数，の増減でしょうが，すでに述べましたように，利益の額は企業の決算政策および給与・賃金政策によって大きく左右されます。そこで，③の経常利益と同時に粗付加価値を使って，企業の成長または規模縮小の健全性を検討するグラフを考えてみます。

　売上げは急速に伸びているのに粗付加価値の伸びが鈍いとか，売上げは伸びていないのに総資本や従業員数が上昇している場合，スタッフを大幅に増員したにもかかわらず（人件費の増加以上には）付加価値額は増えなかったといった場合には，健全な成長を望めるかどうか疑問です。次のグラフは，企業の健全な成長と付加価値額の増加との関係を判断するためのものです。

　このグラフは使用するファクターの数によって，三角形でも，四角形でも，

Chapter 17 会社は社会に貢献しているか

五角形でも作れますが,ここでは,ファクターを,①売上高,②総資本,③経常利益,④従業員数,⑤粗付加価値の5項目とし,次のような五角形のグラフを作ります。

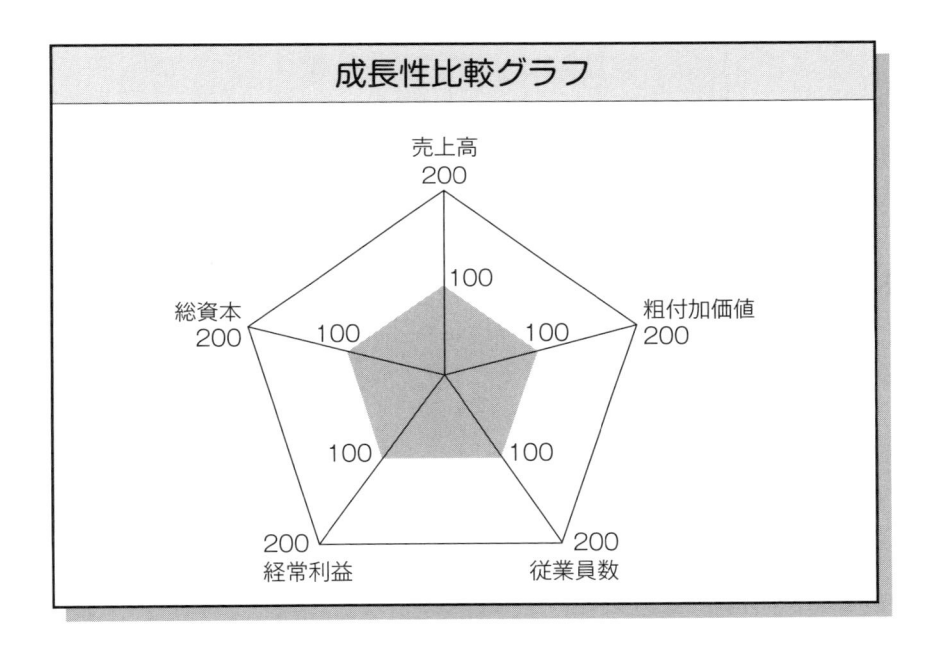

成長性比較グラフ

- 売上高 200
- 粗付加価値 200
- 従業員数 200
- 経常利益 200
- 総資本 200

(内側の各軸に 100 の目盛り)

皆さんの会社のデータでも,投資したいと考えている会社のデータでも,このグラフを使って成長性を判断してみて下さい。これまで,何となく感じていたことを裏づけることもありますが,自分の直観と違った結果になることもあります。

自分の直観や予想と違う結果のときは,本書の知識を活用して,直観や予想とデータ分析の違いが起きる原因を考えて下さい。今後の経営に役立つと思います。

CHAPTER 18

付加価値から何が読めるか

1 労働生産性と資本生産性
2 付加価値生産性の展開
3 労働装備率と設備生産性
4 設備生産性の展開
5 労働分配率と資本分配率
6 資本分配率の分析

1 労働生産性と資本生産性

前の CHAPTER で明らかにしたように，**生産性**というのは生産要素である**資本**（設備）と**労働**（従業員）とをいかに能率的に利用したかの度合いであって，それはある期間の**インプット**（投入量）がどれだけの**アウトプット**（産出量）を生み出したかを示すものです。

$$\text{生産性} = \frac{\text{アウトプット（産出量）}}{\text{インプット（投入量）}}$$

投入される生産要素は**資本**と**労働力**ですが，この2つの要素は測定単位が異なる（資本は金額，労働力は人数）ため加減することができません。そこで生産性はさらに**資本生産性**と**労働生産性**に分けて検討されることになります。

$$\text{資本生産性} = \frac{\text{アウトプット（産出量）}}{\text{資本}} \quad (\%\text{または回数})$$

$$\text{労働生産性} = \frac{\text{アウトプット（産出量）}}{\text{労働力}} \quad (\text{金額})$$

これらの算式において，**アウトプットを売上高**ととれば**資本生産性は資本回転率**となり，また**労働力を従業員数**ととれば**1人当たり売上高**となります。

Chapter 18 付加価値から何が読めるか

$$資本生産性 = \frac{売上高}{資本} = 資本回転率（回数）$$

$$労働生産性 = \frac{売上高}{従業員数} = 1人当たり売上高（金額）$$

アウトプットに付加価値を入れ，労働力を従業員数とすれば，1人当たりが産出した付加価値が計算されますが，こうして計算された**労働生産性**をとくに**付加価値生産性**と呼びます。

$$付加価値生産性 = \frac{付加価値}{従業員数}（金額）$$

2 付加価値生産性の展開

上の**付加価値生産性**は分子または分母を変えることによって，次のように展開することができます。まず付加価値と売上高との関係から見ると，次のような式に展開することができます。

$$\underset{\substack{（付加価値生産性）\\（金額）}}{\frac{付加価値}{従業員数}} = \underset{\substack{（1人当たり売上高）\\（金額）}}{\frac{売上高}{従業員数}} \times \underset{\substack{（付加価値率）\\（\%）}}{\frac{付加価値}{売上高}}$$

付加価値生産性は従業員1人当たりの売上高と**付加価値率**（売上高に占める付

加価値の割合）の積ですから，付加価値生産性が前期または同業他社などに比べて低いという場合には，①従業員1人当たりの売上高が少ない，②付加価値率が低い，③その両方の要因がミックスしている，といった原因の分析が可能です。

いま，例としてN社とP社のデータを使って付加価値生産性の計算をしてみよう。

N社の付加価値生産性

（20×1年）

売上高　1,786億円，粗付加価値　538億円，従業員数　684名

$$\frac{538}{684} = \frac{1,786}{684} \times \frac{538}{1,786}$$

（7,865万円）　=　（2億6,111万円）　×　（30.12％）
（付加価値生産性）　（1人当たり売上高）　（付加価値率）

（20×6年）

売上高　5,627億円，粗付加価値　1,726億円，従業員数　892名

$$\frac{1,726}{892} = \frac{5,627}{892} \times \frac{1,726}{5,627}$$

（1億9,349万円）　=　（6億3,082万円）　×　（30.6％）
（付加価値生産性）　（1人当たり売上高）　（付加価値率）

N社は，この5年間で**売上高が3.1倍，粗付加価値が3.2倍**となった急成長企業です。

ところがこの間に従業員数は1.3倍にしかなっていないため，同社の**付加価値生産性（1人当たり付加価値）**は7,865万円から1億9,349万円へと，実に2.4倍にもなっています。その主たる要因は，**付加価値率が30％で変わらない**にもか

かわらず，1人当たりの売上高が2億6千万円から6億3千万円と2.4倍になっていることにあります。

P社の付加価値生産性

（20×1年）

売上高　572億円，粗付加価値　126億円，従業員数　1,367名

$$\frac{126}{1,367} = \frac{572}{1,367} \times \frac{126}{572}$$

（921万円）　＝　（4,184万円）　×　（22.02％）
（付加価値生産性）　（1人当たり売上高）　（付加価値率）

（20×6年）

売上高　648億円，粗付加価値　142億円，従業員数　1,548名

$$\frac{142}{1,548} = \frac{648}{1,548} \times \frac{142}{648}$$

（917万円）　＝　（4,186万円）　×　（21.9％）
（付加価値生産性）　（1人当たり売上高）　（付加価値率）

P社の場合，この5年間における売上高の増加は13.2％，粗付加価値は12.6％の増加，従業員数は13.2％増となっています。付加価値率と1人当たり売上高が若干低下したため，結果的に付加価値生産性はわずかながら減少しています。

両社の差は歴然としています。**付加価値生産性**で見て，N社はP社の6.1倍にもなっています。**1人当たり売上高**が4.6倍にもなることに加えて，**付加価値率**にも8％の差があるためです。

両社の生産性の差は付加価値構成を見ると一層明確になります。

Ｎ社は税金が57％弱（以下，20×6年について述べる）にも上り，人件費はわずか3.8％です。付加価値のうち約50％が経常利益です。

　Ｐ社の場合，税金は２％に満たず，80％弱が**人件費**です。両社の最大の相違は人件費です。１人当たりの人件費の額で見るとＮ社は757万円（人件費67億600万円を従業員数892名で割ったもの），Ｐ社は740万円となっています。Ｐ社のほうが給与水準が高そうですが，大卒の初任給で比較する限りＮ社のほうが高い（Ｎ社199,000円，Ｐ社194,100円。いずれも20×4年４月入社，事務系，本社勤務者の基準内賃金）。

　両社の平均人件費の差は，従業員の平均年齢の違いに原因がありそうです。Ｎ社の平均年齢は27歳（男子），Ｐ社は39歳（同）で，12歳の開きがあります。平均勤続年数で見るとＮ社がかなり短いのに対し，Ｐ社は長い（いずれも男子）。Ｐ社のほうが年齢層が高い分，給与等の総額を引き上げているのです。

　最近，「**会社の寿命**」が話題となっていますが，一説では会社が成長期から繁栄期にあるのは平均30年間ほどであるといいます。また成長・繁栄を続ける企業の特徴の１つとして，従業員の平均年齢が低いことが指摘されています。しばしばいわれるのは，平均年齢が30歳を超えると企業の活力は大幅に失われ，人件費負担が増大して小回りがきかなくなり，衰退期に入る場合が多いということです。

3　労働装備率と設備生産性

　付加価値生産性は１人当たりの売上高（または生産高）を増やすか，**付加価値率**を上げることによって高めることができます。１人当たり売上高（生産高）を増やすには１人当たりの販売（生産）数量を増やすだけでなく，販売単

価を引き上げたり、高額商品の構成比を高めるなどの方法がありますが、機械化・オートメーション化を一層推し進めることによっても達成できます。

他方、**付加価値率**を上昇させるには加工度を上げ、売価の引上げを図ることと、原材料の消費量を低く抑えたり、原材料価格の引下げによって製造原価中の前給付高（他企業の生産活動に帰属する部分）を削減することが重要です。

付加価値生産性は機械や設備の多少によっても大きく変わります。最新鋭の生産設備を備えた近代工場と、人手作業に頼る家内工業とでは生産性に大きな開きがあります。次の式は、そうした機械化・近代化がどの程度図られているかを判断するのに使われます。

$$\frac{付加価値}{従業員数} = \frac{有形固定資産}{従業員数} \times \frac{付加価値}{有形固定資産}$$

（付加価値生産性）　（労働装備率）　（設備生産性）
（金額）　　　　　（金額）　　　　（％）

この計算を総合アパレルのO社とメリヤス肌着のトップメーカーであるG社について行ってみよう。O社は20×1年および20×3年12月期のデータ、G社は20×1年および20×3年3月期のデータです。なお有形固定資産の中に**建設仮勘定**がある場合には、この設備等がいまだ生産・販売活動に参加していないものとみなして除外しています。また有形固定資産の金額、従業員数は期首と期末の平均を使うのがよいが、期首と期末の数値にあまり大きな変化がない場合には、期末の数値によってもよい。ここでは、期末の値を使っています。

○社の付加価値生産性

（20×1年）

粗付加価値　716億円，有形固定資産　417億円，従業員数　3,149名

$$\frac{716}{3,149} = \frac{417}{3,149} \times \frac{716}{417}$$

（2,273万円）　＝　（1,324万円）　×　（171％）
（付加価値生産性）　（労働装備率）　（設備生産性）
（金額）　　　　　　（金額）　　　　　（％）

（20×3年）

粗付加価値　711億円，有形固定資産　558億円，従業員数　3,209名

$$\frac{711}{3,209} = \frac{558}{3,209} \times \frac{711}{558}$$

（2,215万円）　＝　（1,738万円）　×　（127％）
（付加価値生産性）　（労働装備率）　（設備生産性）
（金額）　　　　　　（金額）　　　　　（％）

労働装備率（資本装備率ともいう）というのは従業員1人当たりの固定資産額ですから，「率」ではなく「金額」で表されます。○社はこの3年間で有形固定資産を1.3倍にしたが，設備生産性は25％も減ってしまっています。これは設備等への投資の効果がいまだ十分に発現していないからであろうと思われます。

Chapter 18 付加価値から何が読めるか

G社の付加価値生産性

(20×1年)

粗付加価値 377億円，有形固定資産 399億円，従業員数 3,885名

$$\frac{377}{3,885} = \frac{399}{3,885} \times \frac{377}{399}$$

(970万円) ＝ (1,027万円) × (94%)

(付加価値生産性)　(労働装備率)　(設備生産性)
(金額)　　　　　　(金額)　　　　(%)

(20×3年)

粗付加価値 380億円，有形固定資産 439億円，従業員数 3,919名

$$\frac{380}{3,919} = \frac{439}{3,919} \times \frac{380}{439}$$

(969万円) ＝ (1,119万円) × (86%)

(付加価値生産性)　(労働装備率)　(設備生産性)
(金額)　　　　　　(金額)　　　　(%)

G社の場合，両年度の付加価値生産性はまったく同額です。変化があったのは，**労働装備率**が若干上向いた分，**設備生産性**が8％落込んでいる点です。

O社もG社も，**付加価値生産性**でみると，この3年間ほとんど変わらない。しかし，O社は，付加価値生産性（1人当たりの付加価値額）においてG社の2.3倍になっています。その原因は，**労働装備率**（1人当たりの有形固定資産）において600万円もG社を上回り，**設備生産性**においても40％も上回っていることにあります。

1人当たりでみる限り，O社のほうが**機械化・オートメ化**が進んでいるようです。G社は比較的機械化しやすいインナーウェアや靴下を作っているにもかかわらず，付加価値率が低いため，設備生産性が上がらないからであろうと思われます。相対的にみてO社が資本集約的，G社が労働集約的な生産をしてい

るといえるようです。

設備生産性は使用した設備（固定資産）が何倍の付加価値を生み出したかを見るものです。G社は1人当たりの設備は多いが，設備が生み出す付加価値はわずかに86％，これに対しO社は120％となっています。

機械化を推進して**労働装備率**を高めると**付加価値生産性**も向上するように考えられがちですが，公式をみるとわかるように単純に固定資産の額を増やして**労働装備率**を高めても，それだけでは**設備生産性**が低下してしまうので，**付加価値生産性**を高めることはできないのです。**労働装備率**を高めることが付加価値の増大ないし従業員数の削減をもたらすものでなければならないのです。

4　設備生産性の展開

設備（有形固定資産）が付加価値の創出にどれだけ貢献したかをみる指標として，上の算式における**設備生産性**（**設備投資効率**ともいう）が利用されます。

設備生産性は上式におけるように，

$$\frac{付加価値}{有形固定資産} \times 100 \ (\%)$$

ですから，この計算でみる限り，少ない設備で大きな付加価値の創出をすることが比率を高めることになります。**遊休設備**が多い場合は当然に分母を小さくすることでこの比率を高めることができますが，一般論として設備を減らしてこの比率を上昇させるのは難しいでしょう。むしろ現有設備に見合った付加価

値の産出を図るか,設備を増やすと同時にそれ以上の付加価値の増大を図るべきです。

すでに述べたように減価償却費の計算は会社のいろいろな政策的配慮などによって左右されることが多く,この**設備生産性**の計算にもその影響が出ることがあります。そのためとくに企業間比較をする場合に,有形固定資産の額を取得価額で(つまり帳簿価額に償却費累計額を加えて)代替することもできます。

設備生産性の算式は,次のように展開することができます。

$$\frac{\text{付加価値}}{\text{有形固定資産}} = \frac{\text{付加価値}}{\text{売上高}} \times \frac{\text{売上高}}{\text{有形固定資産}}$$

$$\text{(設備生産性)} \quad\quad \text{(付加価値率)} \quad\quad \text{(有形固定資産回転率)}$$

$$(\%) \quad\quad\quad\quad (\%) \quad\quad\quad\quad (回数)$$

つまり**設備生産性**というのは,自社製品にどれだけの付加価値を付与できたかという付加価値率と,自社の有形固定資産をもって何倍の売上げを上げたかという有形固定資産の利用効率の積なのです。いまこの計算をH社とS社の20×1年3月期のデータを使ってやってみましょう。なお有形固定資産の額は建設仮勘定の額を除外し,期首と期末の数値の平均を使っています。

H社の設備生産性

$$\frac{粗付加価値}{有形固定資産} = \frac{粗付加価値}{売上高} \times \frac{売上高}{有形固定資産}$$

$$\frac{7,868億円}{6,417億円} = \frac{7,868億円}{3兆8,114億円} \times \frac{3兆8,114億円}{6,417億円}$$

$$(122.6\%) = (20.6\%) \times (5.93倍)$$

（設備生産性）　（付加価値率）　（有形固定資産回転率）
　（％）　　　　　（％）　　　　　（回数）

S社の設備生産性

$$\frac{粗付加価値}{有形固定資産} = \frac{粗付加価値}{売上高} \times \frac{売上高}{有形固定資産}$$

$$\frac{2,587億円}{5,644億円} = \frac{2,587億円}{1兆1,528億円} \times \frac{1兆1,528億円}{5,644億円}$$

$$(45.8\%) = (22.4\%) \times (2.04倍)$$

（設備生産性）　（付加価値率）　（有形固定資産回転率）
　（％）　　　　　（％）　　　　　（回数）

　両社を比較すると**設備生産性**において2.5倍もの開きがあります。S社は**付加価値率**において2％高いが、有形固定資産回転率（つまり設備の有効利用度）がH社の3分の1です。S社は1人当たりの設備（**資本装備率**）が2,536万円にも上り、H社（787万円）の3.2倍もあります。S社は**付加価値率**を高めること以上に固定資産の有効利用を図ること（新鋭機への更新や遊休・旧式化設備の廃棄を含む）が重要です。

　なお、上に示した**設備生産性**の展開式を、**付加価値生産性**の計算式に代入すると、次のような計算式となります。

Chapter 18　付加価値から何が読めるか

$$\frac{\text{付加価値}}{\text{従業員数}} = \frac{\text{有形固定資産}}{\text{従業員数}} = \frac{\text{付加価値}}{\text{売上高}} \times \frac{\text{売上高}}{\text{有形固定資産}}$$

（付加価値生産性）　（労働装備率）　（付加価値率）　（有形固定資産回転率）
（金額）　　　　　　（金額）　　　　（％）　　　　　　（回数）

　この計算式に基づいて**付加価値生産性の変動要因**を考えてみると，計算要素の①売上高，②付加価値，③有形固定資産，④従業員数，それぞれの増減に加えて，⑤単位当たり売上高に対する原材料消費量の増減，⑥原材料単価の増減，⑦製品構成の変化（高付加価値製品の比重の増減など），⑧設備投資とその更新の進み具合（労働装備率），⑨有形固定資産の有効利用度などを挙げることができるでしょう。

5　労働分配率と資本分配率

　資本を提供した者（危険も負担していることを忘れてはならない）と労働を提供した者（危険は金額的にも確率的にも小さい）が力を合わせて大きなパイを焼いたとします。このパイを資本提供者は右から，労働の提供者は左から食べることにします。一方のグループの人たちが急いで食べようとすれば，他方のグループの人たちの口に入る量は少なくなります。焼き上がったパイの大きさが変わらない以上，**資本家への配分**と**労働者への配分**は，一方を多くすれば他方が少なくなるという関係にあります。

　付加価値はいわば資本家と労働者が共同で焼いたパイです。資本家への配分を多くするということは，従業員への配分となる給与・賃金を抑えて利益を増やすことです。労働者への配分を大きくしようとすれば，資本家への配分となる利益が少なくなります。

労働者は雇用契約により給与・賃金等が決まっています。まれに利益が一定水準を超えると従業員にも利益の配分（形式的にはボーナスなどの形をとる）を行う企業もあるが、一般的には利益の有無やその多少に関係なく給与・賃金が決められます。したがって、ある年に従来にない多額の利益が上がっても、従業員へ直接その一部が配分されるということはなく、すべて資本提供者への配分に回されます。いま付加価値の構成要素のうち最も基本的な人件費、利益および税金について、**付加価値の分配**という関係を図示すれば、次のようになります。

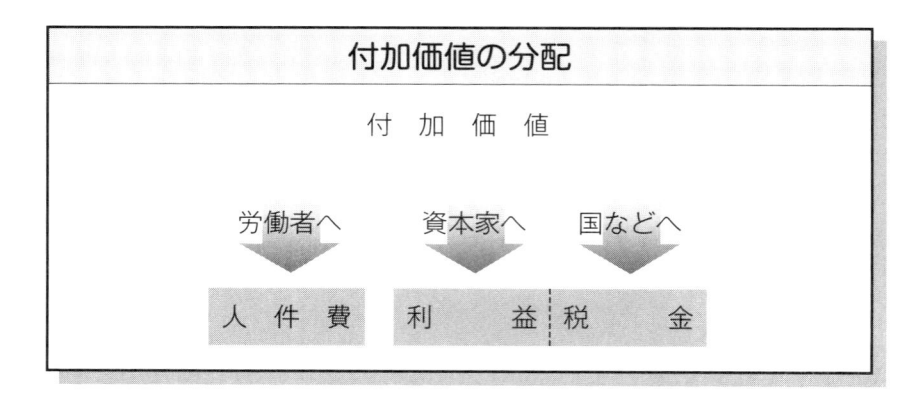

```
┌─────────────────────────────────────┐
│          付 加 価 値 の 分 配          │
│                                     │
│          付　加　価　値              │
│                                     │
│    労働者へ    資本家へ    国などへ    │
│      ▼          ▼          ▼        │
│  ┌──────┐┌──────────┬──────────┐    │
│  │ 人件費 ││  利　益  │ 税　金  │    │
│  └──────┘└──────────┴──────────┘    │
└─────────────────────────────────────┘
```

　付加価値が従業員、資本提供者、政府等へそれぞれどのくらいの割合で分配されるかを見るために次のような計算が行われます。

$$労働分配率 = \frac{人件費}{付加価値} \times 100 \,(\%)$$

$$資本分配率 = \frac{利益}{付加価値} \times 100 \,(\%)$$

$$利益分配率 = \frac{税金}{付加価値} \times 100 \,(\%)$$

Chapter 18 付加価値から何が読めるか

　付加価値というパイの大きさが決まっている以上，上に述べたように人件費を増やせば資本提供者の受け取るパイは小さくなります。従業員に対する給与や賃金は毎年増加するのが普通です。定期の昇給や賃上げ，あるいは世間相場の上昇などによって毎年給与水準は上昇しています。

　こうした人件費の増加を付加価値の分配という観点から検討しておくことは重要です。人件費の増加をどのような方法で吸収したらよいでしょうか。1つは**労働分配率**を上げること，つまり付加価値というパイのうち従業員に回す部分を大きく切ることです。労働分配率を上げれば人件費の額を増やすことができます。ただしこの方法は一時的には人件費の増加分を吸収しえても，利益（配当金と内部留保の源泉）を圧迫することになり，長つづきしないでしょう。

　従業員1人当たりの人件費を付加価値との関係から分解すると，次のようになります。

$$\frac{人件費}{従業員数} = \frac{人件費}{付加価値} \times \frac{付加価値}{従業員数}$$

$$(1人当たり人件費) \quad (労働分配率) \quad (付加価値生産性)$$
$$(金額) \qquad\qquad (\%) \qquad\qquad (金額)$$

　1人当たりの人件費を増やすには，この式からわかるように**労働分配率を高める**か，あるいは**付加価値生産性**（1人当たり付加価値）**を高める**とよい。労働分配率のほうは上述したような限界があり，さらに最近では不況の深刻化が進み企業の賃上げ姿勢が慎重になり，この比率はむしろ低下する恐れがあるでしょう。

　したがって，人件費の増加吸収対策としては**付加価値生産性**を向上させるほ

うがベターだということになります。たとえば，付加価値を100，労働分配率を50％としましょう。**労働分配率**を55％にすれば分配額も5％上昇し，55が配分されることになります。労働分配率を変えないとすると，付加価値を100から110へ，10％増加させることで労働分配率を55とすることができるのです。

労働分配率は売上高との関係で見ると，次のように分解することができます。

$$\frac{人件費}{付加価値} = \frac{人件費}{売上高} \div \frac{付加価値}{売上高}$$
（労働分配率）　（売上高人件費比率）　（付加価値率）
　　（％）　　　　　　（％）　　　　　　　（％）

労働分配率は売上高に占める人件費の割合（**売上高人件費比率**）が大きければ高くなり，また**付加価値率**が低いときにも高くなります。付加価値率も**売上高人件費比率**も業種によって大きな開きがあります。付加価値率の場合，原材料を必要としないサービス，不動産，運輸業などは高く，製造業は低くなります。商社などは1〜3％です。**人件費比率**もサービス，運輸業（とくにバス，鉄道，旅行斡旋，宅配業など）が高く，商社は低くなります。

これらの比率は業種によって大きな差があるので，同業他社と比較したり，同じ会社で時系列の変化を検討するとよいでしょう。

6　資本分配率の分析

資本分配率は付加価値に占める利益の割合を示す比率です。この場合，資本としては**自己資本**が想定されています。しかし旧・通産省の分析では，この資

本の概念を他人資本を含めた**総資本**と捉え，

$$資本分配率 = \frac{純金融費用＋配当金＋減価償却費}{粗付加価値} \times 100 （\%）$$

といった計算を示しています。いま，この旧・通産省の比率を総資本分配率，付加価値に占める当期利益の割合を自己資本分配率と呼べば，他人資本分配率の計算も可能です。

$$他人資本分配率 = \frac{純金融費用}{粗付加価値} \times 100 （\%）$$

資本分配率を付加価値に占める利益の割合の意味で理解する場合，この分配率は売上高との関係において，次のように展開することができます。

$$\underset{\substack{(資本分配率)\\(\%)}}{\frac{利益}{付加価値}} = \underset{\substack{(売上高利益率)\\(\%)}}{\frac{利益}{売上高}} \div \underset{\substack{(付加価値率)\\(\%)}}{\frac{付加価値}{売上高}}$$

この算式から明らかなように，資本分配率は売上高利益率を高めるか，付加価値率が低下すると比率が向上します。

CHAPTER 19
企業集団はどのように分析するか

1 企業集団とは何か
2 企業集団の財務諸表
3 親会社と企業集団を比較してみる
4 貸借対照表を比べてみる
5 損益計算書を比べてみる
6 企業集団は、どの事業で儲けているか
7 企業集団は、どこで稼いでいるか
8 個別財務諸表と連結財務諸表をどう使い分けるか

1　企業集団とは何か

　わが国には，「**ゆるやかな企業集団**」と「**親子会社としての企業集団**」があります。後者は，前者のサブシステム（大グループの中の小グループ）である場合が多いようです。

　たとえば，わが国では，戦前の旧財閥に属していた企業を中心に形成された**三井，三菱，住友**という企業集団と，銀行が取引先企業を中心に形成した**芙蓉（富士銀行系列），三和，第一勧銀**という企業グループが有名です。最近，**第一勧銀，富士銀行**などが統合して「**みずほホールディングス**」ができたり，**阪急HD**が阪神電鉄を子会社化したり，企業集団は流動的な面もあります。

　「ゆるやかな企業集団」は，親会社と呼ぶべき企業がなく，集団内の会社がお互いに株式を所有し合ったり，資金やモノを融通し合ったり，互いに製品を購入し合ったりという形で，結束しています。親子会社のような強い結束ではなく，ゆるやかな結束で結ばれているのです。

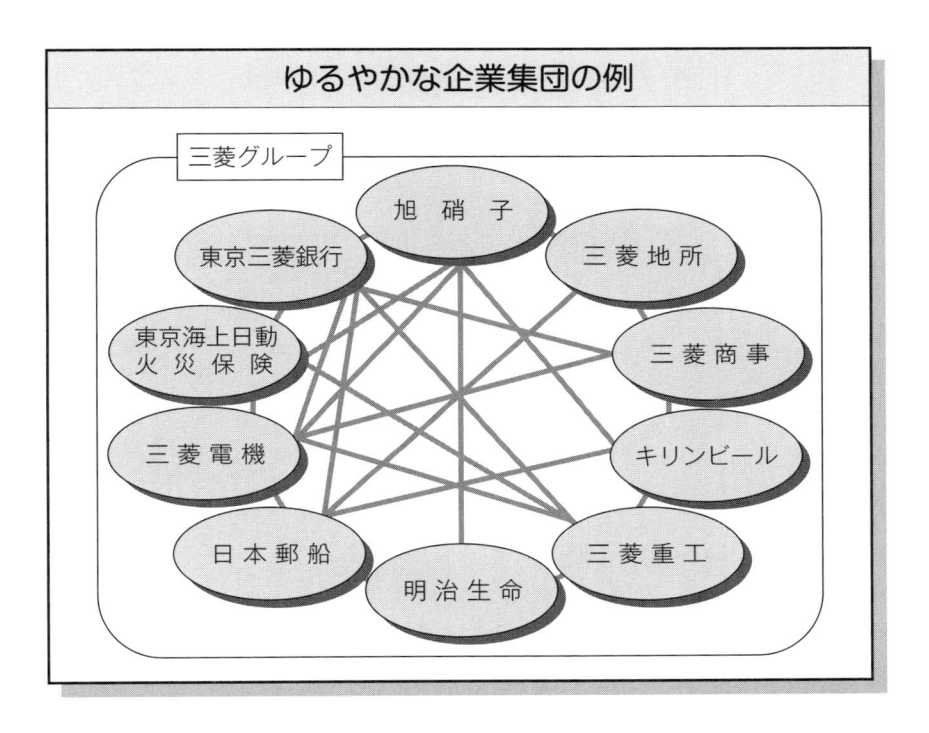

Chapter 19 企業集団はどのように分析するか

ゆるやかな企業集団の例

三菱グループ
- 旭硝子
- 三菱地所
- 三菱商事
- キリンビール
- 三菱重工
- 明治生命
- 日本郵船
- 三菱電機
- 東京海上日動火災保険
- 東京三菱銀行

　親子会社としての企業集団は，たとえば，**イトーヨーカ堂，セブン-イレブン・ジャパン，デニーズジャパン**などを子会社とする**セブン&アイ・ホールディングス，日立製作所**を親会社として，**日立金属，日立建機，日立化成工業，日立電線，日立マクセル，日立電子**などを子会社とする日立グループなど，数多くあります。

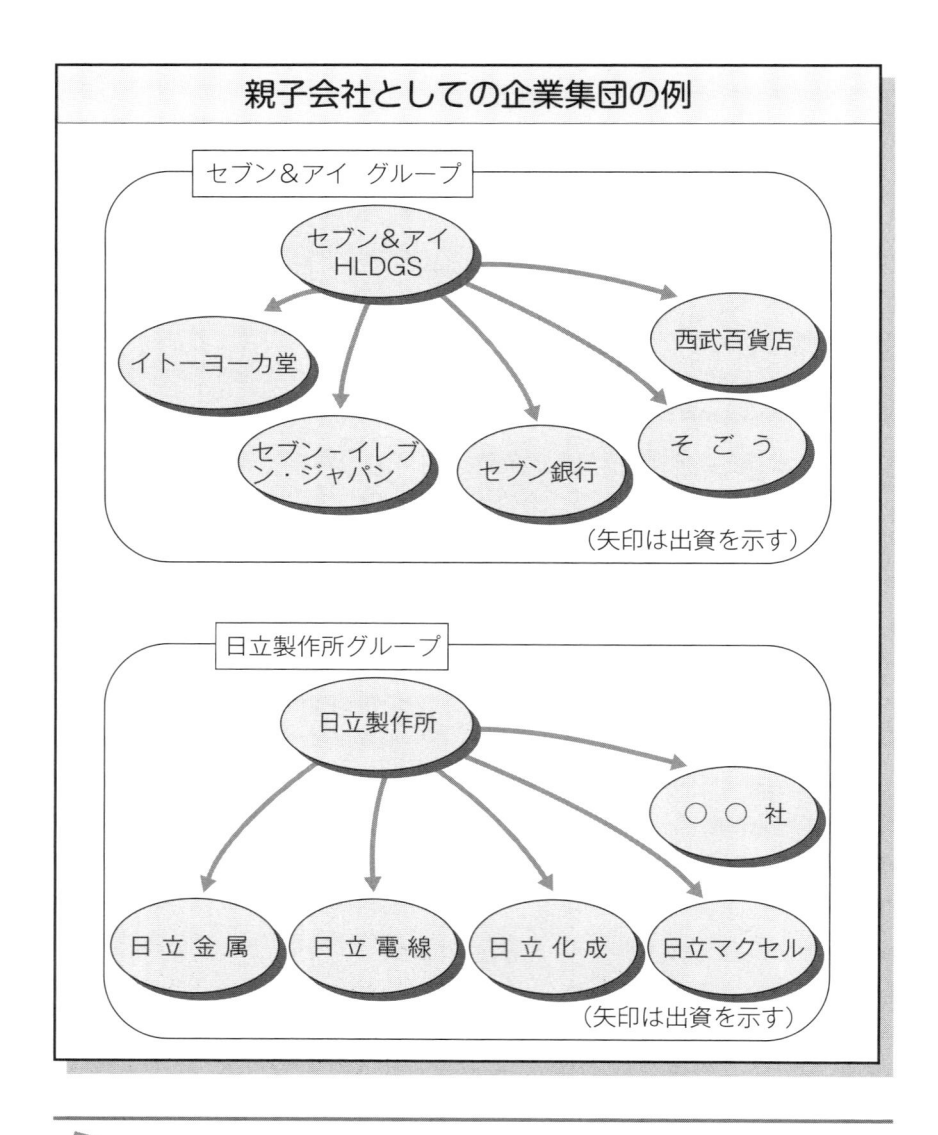

親子会社としての企業集団の例

セブン&アイ グループ

- セブン&アイHLDGS
  - イトーヨーカ堂
  - セブン-イレブン・ジャパン
  - セブン銀行
  - そごう
  - 西武百貨店

（矢印は出資を示す）

日立製作所グループ

- 日立製作所
  - 日立金属
  - 日立電線
  - 日立化成
  - 日立マクセル
  - ○○社

（矢印は出資を示す）

■ 2　企業集団の財務諸表

　こうした親子会社の関係にある企業集団の場合，製造部門と販売部門を別会

社にしたり，多角化・分社化によって関連事業に進出したり，地区別に販社を配置したりしているため，親会社の貸借対照表と損益計算書（これにキャッシュ・フロー計算書を合わせて，**財務諸表**といいます）を見ただけでは，親会社の本当の姿も企業グループの姿もわからないことが多いのです。

そこで，こうした企業グループを形成している場合には，上で述べましたように，グループ全体を１つの企業体として計算した「**連結財務諸表**」を作成します。上のキャッシュ・フロー計算書の場合は，ひな型（サンプル）の計算書を示しただけでしたが，連結財務諸表の場合は，ひな型を示しただけではイメージがわきません。そこで，以下では，いくつかの会社の数字を使って，企業集団の財務諸表とはいったいどういうものか，どのように利用するかを紹介したいと思います。

3　親会社と企業集団を比較してみる

企業集団によっては，親会社の規模や成績と，グループ全体の規模や成績があまり違わないところもあります。

たとえば，**森永乳業**の場合，グループを構成する連結子会社が30社ほどありますが，親会社の総資産が2,766億円（2009年３月期）であるのに対して，企業集団の総資産は25％増の3,481億円にしかならず，売上高で見ても親会社が4,450億円であるのに対して，企業集団の売上高は31％増の5,839億円どまりです。経常利益も，親会社が92億円，グループが，21％増の112億円ですから，単体（**森永乳業のこと**）で見た場合と企業集団（**森永乳業グループ**──連結財務諸表）で見た場合に，大きな違いはないようです。

ところが，**本田技研工業**とかＮＴＴ（日本電信電話）などの場合は，親会社

と企業集団の規模がまるで違います。親会社だけの情報からグループ全体を判断することはできませんし，グループの財務諸表（連結）だけで親会社を判断することもできません。参考までに，**本田技研工業**とそのグループの数値を示しておきます。

本田技研工業と本田技研工業グループの規模2009年3月期 （単位：億円）			
	本田技研工業	本田技研グループ	倍　　　率
売　上　高	34,045	100,112	2.9（倍）
税引前利益	△800	1,617	―
総　資　本	25,212	118,189	4.6（倍）
従業員数	26,471名	181,876名	6.8（倍）

4　貸借対照表を比べてみる

最初に，**本田技研工業**のデータを使って，親会社と企業集団の**百分率財務諸表**を作ることにしましょう。

次の2つの図表は，**本田技研**（親会社）と**企業集団**（連結）の貸借対照表です。

Chapter 19　企業集団はどのように分析するか

本田技研工業の個別貸借対照表　　　（単位：億円）

資　産		負債・純資産	
当 座 資 産	3,940 (15.6%)	流 動 負 債	7,058 (27.9%)
流動資産合計	9,255 (36.7%)	負 債 合 計	8,729 (34.6%)
有形固定資産	7,637 (30.0%)	資 本 金	860 (3.4%)
固定資産合計	15,957 (63.2%)	資 本 剰 余 金	1,703 (6.7%)
		利 益 剰 余 金	14,585 (57.8%)
		純 資 産 合 計	16,483 (65.3%)
資 産 合 計	25,212 (100%)	負債・純資産合計	25,212 (100%)

本田技研工業の連結貸借対照表　　　（単位：億円）

資　産		負債・純資産	
当 座 資 産	27,165 (22.9%)	流 動 負 債	42,373 (35.8%)
流動資産合計	46,211 (39.0%)	社債・長期借入金	19,326 (16.3%)
		負 債 合 計	76,885 (65.0%)
金融子会社保有長期債権	24,002 (20.3%)		
投資・リース資産	19,267 (16.3%)	資本金・準備金	3,024 (2.5%)
有形固定資産	21,477 (18.1%)	利 益 剰 余 金	50,992 (43.1%)
固定資産合計	64,746 (54.7%)	純 資 産 合 計	40,072 (33.9%)
資 産 合 計	118,189 (100%)	負債・純資産合計	118,189 (100%)

　2つの貸借対照表を見て，目を引くのは，親会社とグループの規模の差です。総資産で比べてみると，グループ全体では，親会社の4.7倍も大きいのです。また，親会社（**本田技研**）のときには自己資本が65％もあったのが，連結（**本田技研グループ**）になると，33％に落ちていること，親会社だけで見ると，流動負債は27％しかないのに，連結になると35％を越えること，なども目につきます。親会社だけで見ると負債の返済能力は高そうですが，グループで見るとそ

うでもなさそうです。

借金の返済能力を見るために，**流動比率**を計算してみましょう。

流動比率は，短期的な支払能力を見る指標で，流動負債（短期借入金や支払手形など）を即時に返済するには200％以上あることが望ましいといわれています。

$$流動比率 = \frac{流動資産}{流動負債} \times 100 \ (\%)$$

$$本田技研工業の流動比率 = \frac{9{,}255億円}{7{,}058億円} = 131.1\%$$

$$本田技研工業グループの流動比率 = \frac{46{,}211億円}{42{,}373億円} = 109.0\%$$

親会社だけで見ると，130％台ですが，グループとしては，「借金の返済能力」が109％に落ちています。連結財務諸表を作ってみると，親会社の財務諸表からは読めないこともわかるのです。

5　損益計算書を比べてみる

次の2つは，**本田技研工業**の損益計算書と**企業グループ**の連結損益計算書です。

本田技研工業の個別（親会社）損益計算書
（自2008年3月31日　至2009年3月31日）（単位：億円）

売　　上　　高	34,045	100%
売　上　原　価	24,803	72.8%
売　上　総　利　益	9,241	27.1%
販売費・一般管理費	10,826	31.7%
営　業　利　益	△1,584	－
営　業　外　収　益	1,808	5.3%
営　業　外　費　用	256	0.7%
経　常　利　益	△32	－
特　別　利　益	13	0.0%
特　別　損　失	781	2.2%
税引前当期純利益	△800	－
法　人　税・住　民　税	△203	－
当　期　純　利　益	△596	－

本田技研工業グループの連結損益計算書（単位：億円）		
売　　上　　高	100,112	100%
売　上　原　価	74,195	74.1%
売　上　総　利　益	25,917	25.8%
販売費・一般管理費	18,388	18.3%
研　究　開　発　費	5,631	5.6%
営　業　利　益	1,896	1.8%
営　業　外　収　益	436	0.4%
営　業　外　費　用	715	0.7%
税　引　前　利　益	1,617	1.6%
法　人　税　等	1,098	1.0%
関係会社持分利益	990	0.9%
当　期　純　利　益	1,370	1.3%

　グループの売上高は，親会社の3倍近い。営業利益（本業の利益）を見ると，親会社は1,584億円の赤字を出しているが，グループではそれを埋めるだけの利益を稼いでいます。当期純利益でも，親会社は600億円近い赤字ですが，グループでは1,370億円の利益を確保しています。**本田技研**は，優秀な子会社群を持っているということがわかります。

6　企業集団は，どの事業で儲けているか

　大きな規模の会社では，親会社が行う事業の他にも，子会社や関連会社を使ってさまざまな事業を展開しています。

Chapter 19　企業集団はどのように分析するか

　富士フイルム（旧社名・**富士写真フイルム**）といえば，世界でも有数のフイルム・メーカーとして有名ですが，デジタルカメラや液晶ディスプレイ材料，システム機材などの事業も行っています。

　連結財務諸表には，「**セグメント情報**」が記載されており，企業集団がどういう事業を行っているかを分析しています。次のデータは，企業集団としての**富士フイルムホールディングス**に関するセグメント情報です。

富士フイルムホールディングスのセグメント情報（事業別）
（2009年3月期）（単位：億円）

	イメージング ソリューション部門	インフォメーション ソリューション部門	ドキュメント ソリューション部門
売 上 高	4,111	9,478	10,867
営業利益	△ 293	203	496

　「イメージングソリューション」というのは，カラーペーパー，映画フイルム，デジタルカメラ，ビデオテープなどで，「ドキュメントソリューション」は，コピー機，複合機，プリンターなど，「インフォメーションソリューション」は，記録メディア，携帯電話用レンズユニット，内視鏡などの部門です。

　セグメント情報を見ると，この会社が従来本業としてきた「DPE（現像・印画・引き伸ばし）」の部門（イメージングソリューション）が，売上高で見て，他の事業よりも小さいことに気がつくと思います。しかも，当期は損失まで出しているのです。この会社が，フイルムの会社から，「映像と情報」をキーワードにして，事業内容を大きく変革してきたことがわかると思います。

　事業別に売上高利益率を計算すると，次のとおりです。

$$\text{ドキュメントソリューションの売上高営業利益率}$$
$$= \frac{\text{営業利益}496}{\text{売上高}10,867} = 4.5\%$$

インフォメーションソリューションの売上高営業利益率
$$= \frac{\text{営業利益}203}{\text{売上高}9,478} = 2.1\%$$

こうした計算をしてみると,いまでは,この会社の収益源がドキュメントソリューション部門にあることがわかります。

7 企業集団は,どこで稼いでいるか

企業集団によっては,**トヨタ自動車**や**本田技研工業**のように,海外で稼いでいるグループもあるし,国内で稼いでいるグループもあります。では,**富士フイルムホールディングス**(**富士ゼロックス**などの子会社を含む)は,どこの地域で稼いでいるでしょうか。

次の図表は,同グループの地区別セグメント情報です。

富士フイルムホールディングスのセグメント情報(地域別)(2009年3月期)(単位:億円)

	日 本	米 州	欧 州	アジア他
売 上 高	18,848	4,129	2,934	6,079
営 業 利 益	166	△ 40	23	198

富士フイルムグループは,利益のほとんどを国内とアジア地区で稼いでいる

ことがわかります。この情報を使って，地区別の売上高利益率を計算したのが次式です。こうした計算をしてみると，アジア他の地域の利益率が日本の4倍にもなっていることがわかります。

$$\text{日本の売上高営業利益率} = \frac{\text{営業利益166億円}}{\text{売上高18,848億円}} = 0.8\%$$

$$\text{アジア他の売上高利益率} = \frac{\text{営業利益198億円}}{\text{売上高6,079億円}} = 3.2\%$$

8 個別財務諸表と連結財務諸表をどう使い分けるか

わが国では，企業集団がいくら巨額の利益を上げても，その利益を誰かに配当するということはありません。連結財務諸表に計上されている利益には，子会社の利益も入っていれば関連会社の利益の一部も入っているのです。

個別財務諸表は，通常，株主総会の議を経て承認・確定しますが，**連結財務諸表**にはそうした手続きがありません。そこで計上される利益は，「仮に，企業集団が一個の会社だとしたら」という仮定の下に計算したものです。しかしそうした会社は実在しませんから，企業集団の株式が発行されるわけでもなく，株主がいるわけでもないのです。

配当を受け取ったり，自分の取り分としての利益を確定したりするのは，今後も，個別財務諸表をベースとして行われます。そういう意味では，これからも個別財務諸表の意義は失われないでしょう。

しかし，個別財務諸表の数値は，親会社がある程度まで操作することができ

ます。たとえば、親会社が経営不振に陥ったときには、製品を子会社に高く売ったことにして親会社の利益を嵩上げすることができますし、親会社が儲けすぎたときには売上や利益の一部を子会社に移して**利益隠し**をしたりすることができます。

　では、個別の財務諸表と連結財務諸表をどのように読み分けたらよいのでしょうか。**今年の配当はいくらとか、現在の債務返済能力はどうか**、などといった**短期的な分析**には、**個別財務諸表**が役に立ちそうですし、少し**長期的な収益性や安定性**などを判断するには、**連結財務諸表**が役に立つのではないでしょうか。

エピローグ

よい会社の条件

　ここまで読んできて，会社を診る目が少し専門的になってきたような気がしませんか。会社の会計データが手に入りますと，その会社やグループがどれくらい儲けているのか，どういう事業で儲けているのか，将来性はあるか，その会社に投資しても安全か，などといったことがわかるようになります。

　さて，会社の収益性，成長性，安全性，生産性，そして，企業集団の分析の仕方まで，いろいろなことを読んできました。最後に，「よい会社とはどういう会社か」「最近のよい会社の条件」を一緒に考えてみたいと思います。

1　経営計画と経営戦略を読む

▷「有価証券報告書」って何だ

　会社が**証券取引所**に上場していれば,「**有価証券報告書**」(「有報」と呼ぶこともあります)という書類を作成しています。経理部とか広報課,あるいは,株式課といった部署でもらうことができるでしょう。上場しているような大規模な会社であれば,ホームページでも公開していますし,インターネットで「EDINET」「エディネット」と入力すれば,目的の会社の財務諸表を見ることができます。

　この「**有価証券報告書**」という文書は,タイトルからはどのような文書か想像しにくいですが,中身は,「**有価証券を一般社会に公開している会社の営業・生産・経理・輸出入・設備などに関する報告書**」,つまりは,「**会社の現状と将来計画の報告書**」です。

　この報告書には,その会社の財務諸表だけではなく,その会社を親会社とした企業集団の**連結財務諸表**も含まれています。それ以外にも,事業の概況,営業の状況,研究開発活動の状況,生産能力(生産計画と生産実績),販売実績,輸出割合,設備の状況や新設計画など,その会社とグループを理解するのに必要な情報が満載されています。「有価証券報告書」は,企業情報の宝庫なのです。

　せっかく会社がそうした情報を公開しているのですから,投資家なら投資する前に,学生なら就職試験を受ける前に,そしてその会社の監査役や管理職にいる皆さんなら,「わが身を知る」ために,また取引先などの実態を知るために,ぜひ,一読,いえ,精読しておきたいものです。

エピローグ　よい会社の条件

　以下，有価証券報告書に公開されている情報を使って，企業の経営計画と経営戦略を読むことにします。

▷**配当政策を読む**

　本来，会社の利益はすべて，会社の所有者である株主のものです。しかし，会社は，稼いだ利益をすべて株主に配当として支払うわけではありません。将来の設備投資や研究開発の資金としたり，将来の不測の事態に備えたり，いろいろな事情から，利益の一部を会社の内部にとっておきます。こうして会社にとっておかれた利益を「**留保利益**」といい，会社に取っておくことを「**内部留保**」といいます。

　今年の利益のうち，どれくらいを株主に配当し，どれだけを内部留保するかを，株主に公約している会社もあります。

　たとえば，**アサヒビール**は，「継続的かつ安定的な配当を基本としつつ，連結配当性向20％以上を目指すとともに，自己株式の取得も適宜実施し，総合的な株主還元の充実化」を図ると宣言しています（同社の有価証券報告書）。

　また，**本田技研工業**は，「配当と自己株式取得をあわせた金額の連結純利益に対する比率（株主還元性向）」30％をめどにすることを公約しています（同社の有価証券報告書）。

　配当政策を**配当性向**という形で公約している企業は，必ずしも多くはありません。多数の企業は，「当社は安定的な配当の維持および向上を基本方針としている」というように，配当を**平準化**することを方針としています。

▷**経営戦略を読む**

　有価証券報告書の中に「**営業の状況**」という欄があります。ここを読みます

239

と，会社の経営戦略がよくわかります。

　たとえば，京セラでは，「グローバル経営の強化」をねらって，アジア地域における現地生産を強化するため，インドネシアでの電子部品等の生産拡大，中国での電子部品の生産拡大とカメラの販売拡大を計画しています。

　ソニーは，「多くのビジネス分野において，ブロードバンドの普及によるネットワークインフラの整備にともなう異業種からの参入により，競争が激化」という状況に対処するため，「事業の絞込み，製品モデル数の削減，製造拠点の統廃合，間接部門の効率化，非戦略資産の売却などの競争力向上と経営体質強化に向けた施策を実行」しています。これにより，ソニーは，新しい組織体制のもと，「構造改革ならびに成長戦略をバランスよく組み合わせ，エレクトロニクス，ゲーム，エンタテイメントの3つのコア事業の競争力強化」に取り組む姿勢を明らかにしているといいます（同社の有価証券報告書）。

　経営計画や経営戦略が読めない会社も少なくありません。たとえば，具体的な計画や戦略を示すことなく，「豊かな社会の実現に貢献しうる企業を目指して引き続き努力する所存」とか，「活力あふれる企業を目指し，株主の期待にこたえていく所存」などと書かれても，経営者の姿勢や将来に対する展望，あるいは，経営戦略といったものは読みとれません。

　有価証券報告書は，自社の「はだかの姿」も「将来計画」も「経営戦略」も，すべて白日の下にさらけだすための書類です。そこで「わが社の現状と将来」を明確に示せないようでは，この報告書を「作文」でお茶を濁しているのです。言ってみますと，そうした会社には明確な戦略がないのです。そこらあたりを知るだけでも，有価証券報告書を読む価値がありそうです。

▷投資計画・生産計画を読む
　経営戦略は，目標を掲げるだけでは「空鉄砲」です。実弾が入っていない鉄

エピローグ　よい会社の条件

砲など「おもちゃ」に過ぎませんが，口先だけの経営戦略も「作文」でしかありません。

　会社の経営戦略は，具体的な行動をともなってこそ意味があります。会社が，有価証券報告書の中で表明した戦略を，どこまで具体的に実施する気なのかは，たとえば，**研究開発活動**とか**設備投資の計画**，**生産計画**などを読むとわかります。

　参考までに，**ソニー**の設備の新設計画（平成19年度）を紹介しておきます。設備の新設・拡充計画は，総額で4,400億円で，その内訳は，次のとおりです。

ソニーの設備投資計画（2007年度）		
事業の種類別セグメントの名称	（億円）	設備等の主な内容・目的
エレクトロニクス	3,770	半導体や電子デバイスを中心とした生産設備投資
ゲーム	200	ネットワーク関連設備投資など
映画	210	デジタル化推進にともなうＩＴ関連設備投資など
金融	150	リース事業にともなうリース用資産の購入，システム関連投資など
その他	30	インターネット関連サービス事業におけるシステム関連投資など
合計	4,400	－

　同社の有価証券報告書（平成18年度）を読みますと，これらの設備投資はすべて自己資本で賄うとしています。主として力をそそいでいるエレクトロニクス部門には，平成18年度も3,514億円の設備投資をしており，生産部門の合理化，品質向上，需要拡大にともなう生産設備の増強を図っているようです。

241

▷生産能力・生産余力を読む

　会社の現有設備がどれだけの生産能力を持ち，現在，その能力の何割くらいで営業しているのかを知ることは重要です。目一杯で，フルに稼働しているとすれば，急な需要増加に対応できません。かといって，あまり余裕たっぷりというのも不経済です。

　たとえば，ここ数年，躍進著しい**アサヒビール**を見てみましょう。同社は，酒類の生産能力を，

　　酒のタンクの容量×年間平均回転率

を基礎に，仕込みとビン詰め能力などを総合判定して算定しています。

　1999年度の有価証券報告書によりますと，同社の酒類の生産能力と生産実績は，次のとおりでした。

アサヒビールの生産能力（1999年度）

製　品　名	設備能力（年間）	設備能力の算定方法
酒　　　類	2,107,300kℓ	(貯酒槽容量)×(年間平均回転率)，びん詰能力他を総合判定

アサヒビールの生産実績（1999年度）

製　品　名	合　　計	操　業　度
酒　　　類	2,541,567kℓ	121%

　このデータからわかることは，この時期，**アサヒビール**はフル生産しても間に合わない状況だったということです。その後，神奈川県南足柄市に神奈川工場を建設（2005年5月完成）し，東京工場の稼働を2002年末までにやめる計画を立てています。しかし，2000年度以降の有価証券報告書には，生産能力や生産

エピローグ　よい会社の条件

実績のデータがなく，こうした設備増強によって需要増加に十分対応できるかどうか，明らかではありません。

　四輪車・二輪車の**スズキ**は，「海外の旺盛な需要と慢性的な生産能力不足に対処するため」，相良工場敷地内に年産24万台規模の小型専用工場を建設することを決めています（同社の平成18年度有価証券報告書）。こうした情報は，次期以降の販売台数や売上高，さらには利益の金額を予測するのに役に立つであろうと思います。

▷研究開発活動を読む

　有価証券報告書には，会社の**研究開発**に対する取り組みが示されています。どういう研究開発にどれだけの資金が投入されているかは，会社の将来性を読むうえで，必須の情報です。

　研究開発は，当面の利益には貢献しませんし，将来的にもその研究が成果を出すという保証もありません。しかし，先端産業に属する会社や業界のリーディング・カンパニーなどにとっては，**事業と研究開発は車の両輪**で，研究活動が活発に行われている会社でなければ将来性はないともいえます。

　毎年，多額の研究開発費を使っている**トヨタ自動車**は，平成18年度において，8,907億円の研究開発費を支出しています（連結）。その内訳は，自動車事業に8,036億円，エネルギー・環境・情報・通信に871億円です。

　同じく研究開発に多額の費用をかけてきた**キヤノン**は，平成18年度に総額で3,083億円（連結），内訳は事務機関が1,138億円，カメラ411億円，光学機器299億円，などです。

　こうした情報は，**有価証券報告書**の「**研究開発**」の項に記載されています。

しかも，単に研究開発にどれだけ支出したかという情報にとどまらず，その支出によって，いかなる成果を上げたかも，詳細に分析されていますから，精読したいものです。

　有価証券報告書には，そのほかにもたくさんの情報が盛り込まれています。そうした情報を丹念に読み，分析すると，思わぬところで会社の**経営計画**や**経営戦略**をうかがい知ることができます。最近では，わざわざ有価証券報告書を買わなくても，会社のホームページやインターネットで見ることができる会社が増えています。

エピローグ　よい会社の条件

次の表は，2010年度における**研究開発費予定額のランキング**です。

研究開発費ランキング（2010年度予定額）（単位：億円）		
1	トヨタ自動車	8,200
2	ホンダ	5,150
3	パナソニック	4,800
4	ソニー	4,800
5	日産自動車	4,000
6	日立製作所	3,950
7	東芝	3,200
8	武田薬品	3,100
9	キヤノン	3,100
10	デンソー	2,600
11	富士通	2,450
12	第一三共	1,940
13	シャープ	1,850
14	富士フイルムHDGS	1,800
15	アステラス製薬	1,690
16	エーザイ	1,640
17	三菱電機	1,440
18	三菱ケミカルHD	1,420
19	住友化学	1,260
20	三菱重工	1,200

(「会社四季報」　2009年秋号)

次の表は，2010年度における設備投資額（予定）のランキングです。

設備投資額ランキング（2010年度予定額）（単位：億円）		
1	ＮＴＴ	20,200
2	トヨタ自動車	8,300
3	東京電力	7,330
4	ドコモ	6,900
5	ＫＤＤＩ	5,400
6	関西電力	5,400
7	ＪＲ東日本	4,550
8	新日本製鉄	3,900
9	ホンダ	3,900
10	パナソニック	3,500
11	日産自動車	3,500
12	中部電力	3,200
13	東北電力	3,110
14	日立製作所	2,900
15	イオン	2,900
16	キヤノン	2,800
17	東芝	2,500
18	シャープ	2,500
19	ソニー	2,500
20	ＪＲ西日本	2,300

（「会社四季報」　2010年秋号）

２つのランキングを比べてみますと，各社が，資金をどこに振り向けようと

しているのか，各社が将来何をしようとしているのかが，読めると思います。

2　配当性向・配当率・配当倍率を読む

▷配当性向とは何か

　会社が利益を上げますと，取締役は期末に配当議案を作成し，**株主総会**に諮(はか)ります。株主総会は，わが国ではあまり機能していないので，議案のとおりに決定されることが普通です。

　会社が稼いだ利益のうち何％を配当として株主に分配するかを示すのが，**配当性向**です。

$$配当性向 = \frac{配当金}{当期純利益} \times 100 (\%)$$

　本来，利益はすべて会社の所有者，つまり株主のものですが，課税上の問題や経営政策，配当の平準化政策，あるいは株主軽視の風潮などから，わが国では利益の一部しか配当に回されません。

　配当性向は，見ようによっては，経営者の株主軽視度を表す指標であり，経営者のケチ度でもあります。

　ただ，わが国の会社は，その年にいくら稼いだかとは関係なく配当額を決める傾向があります。試しに，「**会社四季報**」でも「**日経会社情報**」でも開いてみるとよいでしょう。どの頁にも，毎年，**1株当たり配当額**を変えない会社が見つかります。

たとえば、次に掲げる**大成建設，ミサワホーム，ゼリア新薬**のデータからわかるように、当期の1株当たり利益の額と配当額とはほとんど関係がありません。損失を出した期にも、同じ額の配当を行っています。配当は、その期の利益からだけではなく、過去の利益を内部留保した部分（任意積立金など）からもできるからです。

大成建設，ミサワホーム，ゼリア新薬のデータ

■ 大成建設

	1株当たり利益	1株当たり配当額
2007年度	24.6円	3円
2009年度	▲22.9円	3円

■ ミサワホーム

	1株当たり利益	1株当たり配当額
2007年度	5.2円	0円
2009年度	▲80.4円	0円

■ ゼリア新薬

	1株当たり利益	1株当たり配当額
2007年度	▲49.0円	8円
2009年度	28.96円	8円

▷配当性向と配当率

1株について5円の配当というのは、1株を所有する株主に、年間で5円の配当を支払うということです。古くからある会社は、額面を50円とする株式（額面株式）を発行しています。50円株の場合、年間に5円の配当ということは、

額面に対して1割の配当ということですから、これを配当率1割といいます。

$$
\begin{aligned}
配当性向 &= 当期の利益のうち、配当として分配する割合 \\
&= \frac{配当金}{当期純利益} \times 100 \ (\%) \\
配\ 当\ 率 &= 株式の額面に対する配当の割合 \\
&= \frac{配当金}{株式の額面} \times 100 \ (\%)
\end{aligned}
$$

5円配当の場合、会社は、期末における発行済み株式数に5円を掛けて、必要な配当額を決めるといわれています。その年にいくらの利益があったかからスタートするのではなく、その年の利益の多少に関係なく、毎年の慣例のとおり、5円配当するのに必要な金額を計算するというのです。

そうしますと、**配当率**（株式額面に対する配当の割合）を一定に固定しますと、当然ながら、当期純利益の増減に応じて**配当性向**が増減します。多くの利益を上げた期には配当性向は下がります。利益が増えても配当率が一定なのですから、利益のうち配当に回される割合（配当性向）は小さくなります。逆に、利益が少ない期には、利益のうち配当に回される部分が大きくなり、配当性向が高くなります。

わが国の会社では、このように配当性向と配当率がまったく関係なく決められることが多いようです。

▷**配当倍率――イギリスの知恵**

英米（特にイギリス）では、配当性向の計算式の分母と分子を入れ替えて、配当倍率を計算します。配当倍率は、英語で dividend cover といい、当期に支払われる配当の何倍の利益があったかを示すものです。

$$\text{配当倍率} = \text{配当の何倍の利益があるかを計算}$$
$$= \frac{\text{当期純利益}}{\text{配当金}} \text{（倍）}$$

配当倍率は，**配当の余裕度**なり**配当余力**を示す指標として使われています。つまり，当期の配当に無理がないかどうかを判断する指標なのです。

配当性向と配当倍率は，単に分母と分子を入れ替えただけですが，一方は経営者のケチ度の「ものさし」とされ，他方は余裕度を見る「ものさし」とされます。その国で使われる計算式（ものさし）が，すでにその国の国民性や経済感覚を物語っていて興味深いですね。

3　最近のよい会社とは

最近では，稼いだ利益の大きさといった，従来の「ものさし」とは違った面で，**よい会社かどうか**が問われるようになってきました。

「よい会社」というのは，その人の立場によって変わります。投資家であれば配当の大きい会社が「よい会社」です。従業員にしてみますと給料や厚生施設がよい会社が「よい会社」です。

就職を考える人たちから見ますと，将来性のある会社，安定性のある会社が「よい会社」でしょう。消費者なら，安心して使ったり食べたりすることができる製品・商品を作っている会社が「よい会社」です。その製品が安かったら，もっと「よい会社」です。

エピローグ　よい会社の条件

　立場が変わると，「よい会社」がそうでなくなることもあります。大きく稼いでいる会社なのですが，従業員へ払う給料を切り下げて利益を出している会社であったら，どうでしょうか。給料をたくさん払っているために人件費がかさんで利益が少ない会社もあります。こういう会社は，将来はきっと大きく伸びますが，今の株主が見ると，あまり「よい会社」には見えないかも知れません。

　そうした新しい「ものさし」として，ここでは，「**環境への取り組み**」，「**消費者への対応**」，「**リスク管理**」，「**コーポレート・ガバナンス**」を紹介します。

▷**環境にやさしい**
　最近では，「環境にやさしい」ことが「よい会社」の条件になってきました。環境に配慮した製品を作る，リサイクルができる製品を作る，資源を大切にする，ゴミを出さない，社内のゴミ資源をリサイクルする，環境保全のために投資している，などなどが会社の評価に加えられてきました。

　ただ，稼ぎが大きいとか，配当がいいとか，給料が高い，といったことは，これからの会社を評価する基準としてはあまり重視されないかもしれません。

　ところで，監査役の皆さんが勤務しているところでは，ゴミ資源の回収に熱心ですか，もしかして，失敗したコピーをゴミ箱に捨てていませんか。社内から出る資源ゴミ（失敗したり要らなくなったコピー用紙，食堂の廃棄物，空き缶，空き瓶など）は，ちゃんとリサイクルされていますか。

　社内の資源ゴミがリサイクルされていないところでは，仮に，製品の一部にリサイクル製品（たとえば，再生紙など）を使っていたところで，あるいは，その製品がリサイクルに向くように作られていたところで，それは本心から環境を考えている会社とはいえないのではないでしょうか。

▷環境会計の誕生

　最近,「**環境会計**」という領域が誕生しました。企業が,環境の保護・保全にどれだけの力（お金）を注いでいるか,また,環境を破壊した場合に,どれだけ回復や環境破壊の再発防止に努力（お金）を注いでいるかを,企業が報告するものです。

　これからは,会社の利益や資本の大きさだけではなく,どれだけこうした環境への配慮をしているかといったことも,会社を評価する指標の1つとして考えていかなければなりません。

▷クレーム処理

　監査を担当している会社には「**消費者相談室**」とか「**お客様相談室**」とか,あるいは,消費者からのクレームや相談を受け付けている電話窓口がありますか。

　あるときに大手のスーパーでフライパンを買いました。2～3日も使わないうちに取っ手が緩んでしまったので取り替えてもらおうと思ってスーパーに行ったときのことです。応対した店員が,こう言うのです。「このフライパンは当店で作ったものではないので,当店には責任がありません」と。わたしは思わず,「では,おたくの店では,腐った卵を売っておいて,『わたしが産んだのではないので知りません』とでも言うのですか」,と聞いてしまいました。

　ある電機屋で無線機（トランシーバー）を買ったときです。どうも調子が悪いので店にクレームをつけたのですが,店員いわく,「やっぱりダメですか。」この店員は,売りつけたトランシーバーが欠陥品だったことを知っていたのです。別の客に売って返品されてきたものを,次に買いに来たわたしに売りつけたというわけです。ひどい商売をする店もあったものですね。

エピローグ　よい会社の条件

　筆記具についてのクレームを２つ書きます。油性ペンを買ったときのことです。封を切って書いてみると１字も書けません。このときは，取り替えてもらおうと思い，メーカーに直接送り返しました。でも，交換どころか，お詫びの手紙もなし，でした。もう１つは，別の会社のシャープペンシルを買ったところ，芯をうまく送り出せません。これもメーカーに送り返しました。今度は，メーカーがいろいろ調査やテストを繰り返してくれて，芯の種類を代えるとよいことがわかりました。どちらもＰから始まる名前の会社でしたが，前者の会社はつぶれてしまいました。後者は，PILOTです。

▷**自社の製品を使ってますか**

　どこの会社でも，社員もその会社の製品を使う消費者なのです。**トヨタ自動車**の社員はまず間違いなくトヨタ車に乗ります。自分が買った車に不具合があれば，事細かにクレームをつけるでしょう。会社にしてみますと，社員からのクレームは，製品の手直しにとっても，新製品の開発にとっても，貴重な情報です。社員にはぜひ自社製品を使ってもらっていろいろ意見や感想を聞きたいものです。

　ところが，どう考えても，この会社の社長も社員も自社製品を使っていないなと思う製品もあります。身近な例でいいますと，袋入りの食品（ラーメンでもお菓子でも）で，袋に切り込みが入っていなかったり，切り込みが入っていても切れなかったという経験はだれもがあると思います。切り込みの印が小さくて，どこにあるのかわからないものもあります。

　多くの食品には賞味期限などが書いてあるはずですが，ほとんどの場合，どこに書いてあるのかわかりにくいですね。期日が書いてあるけど製造年月日なのか賞味期限なのかわからないといった不届きなものもあります。きっと，消費者には知らせたくない情報なのでしょう。ところで，食品にはそれぞれ「消費期限」とか「賞味期限」とか「品質保持期限」とか書いてありますが，その

違いがわかりますか。

▷**消費者の軽視**
　消費者を軽視して社会的な事件を引き起こしている会社もあります。**三菱自動車**が大掛かりなクレーム隠しをしたり，**雪印食品**が大規模な食中毒事件を引き起こしたり，**日本ハム**が国の狂牛病対策を悪用した偽装牛肉事件を引き起こしたり，**赤福**，**白い恋人**，中国産の餃子のように消費者をないがしろにした事件はあとを絶ちません。

　決算数値を粉飾したり，損失を飛ばしたり，会計を悪用した不正も株主や投資家といった国民・市民を欺くものです。**オリンパス，ライブドア，日興証券，カネボウ，加ト吉，メディアリンクス**……数え上げたらキリがありません。

　消費者や市民をないがしろにした経営は，必ず大きなペナルティを受けます。時には，会社を解散しなければならないとか，屋台骨が揺らぐほどの事態に立ち至ります。皆さんの会社はどうですか。

　雪印食品や**日本ハム**の事件が発覚した後，両社ともに，事件を隠そうとしたり虚偽の報告をしたりしました。前言を取り消すたびに会社の信用はがた落ちしました。**雪印**も**日本ハム**も，わが国のトップ・ブランドです。それが，わずか数日，数週間で，奈落の底に落ちるのです。

　三菱自動車のクレーム隠しが報道されたとき，新聞社や雑誌社には，他の自動車会社の従業員や関係者から，おびただしい内部告発があったそうです。クレーム隠しは**三菱自動車**だけではない，ということでしょうか。**雪印**や**日本ハム**の事件が報道されたときも，他の食品会社の従業員などから「うちもやっている」という内部告発が相次いだといいます。

エピローグ　よい会社の条件

▷トップの責任

　こうした事件が起きると，決まって「犯人探し」が行われ，これまた決まって支社や工場のスタッフが「スケープゴート」にされます。でも，本当の犯人は，こうした不祥事や違法行為を未然に防ぐための手立てを怠った経営者なのです。事故や事件を「未然に」防ぎ，万が一にもそれが生じたときに社会に及ぼす被害を最小にするように「事前に」対策を立てておくのは，経営者の責務です。

▷リスクへの備え

　会社が，「社会に害を及ぼすリスク」もあれば，会社が「社会から害を受けるリスク」もあります。前者の例としては，今あげた食品公害，製法や製品による環境破壊，違法行為などがあり，後者の例としては，株価の暴落，為替変動，（前者の結果としての）製品ボイコット，輸出入規制，関税などがあります。

　こうしたリスクに対しては，事前に備えることができることには備えをし，事後的（事故が発生した後）に対応するべきことについては，普段から，「マニュアルを作成する」，「直属の上司を飛ばして，本社に通報するシステムを作る」，「業界としての対応窓口を作る」といった対策を立てておく必要があるでしょう。

　こうした事態が生じたときにも，トップ・マネジメントが動かないこともあります。きっと，こうした会社の経営者は，側近から「都合のいい情報」だけを聞かされてきたのかもしれません。創業者が体面とか世間体を気にして，何とか責任を部下に押し付けようとしているのかもしれません。

▷コーポレート・ガバナンス

　今，日本の会社が必要としているのは，創業者や社長に物言えるスタッフ・機関，支店・工場など下部の意見や情報を取り込む機関，つまり，コーポレート・ガバナンスが機能する組織ではないでしょうか。

さて，「**最近のよい会社**」の条件をいくつか書きました。ここで書ききれなかったこともあります。「従業員や取引先との約束を守らない会社」とか，「儲けすぎている会社」とか，「子会社や関連会社をいじめている会社」とか，「**よくない会社**」はいくらでもあります。皆さんが勤めている会社が，「よい会社」にグループ分けされていることを期待して，本書を終えたいと思います。

　最後まで読んでいただき，ありがとうございました。監査役の皆様には，経営分析の技法を活用して，「**わが社と取引先の健康診断**」を行って頂きたいと思います。

著者プロフィール

田　中　　弘（たなか　ひろし）

神奈川大学名誉教授・博士（商学）（早稲田大学）

早稲田大学商学部を卒業後，同大学大学院で会計学を学ぶ。貧乏で，ガリガリに痩せていました。博士課程を修了後，愛知学院大学商学部講師・助教授・教授。
この間に，学生と一緒に，スキー，テニス，ゴルフ，フィッシングを覚えました。
1993年－2014年神奈川大学経済学部教授。
2000年－2001年ロンドン大学（LSE）客員教授。
公認会計士２次試験委員，大蔵省保険経理フォローアップ研究会座長，
郵政省簡易保険経理研究会座長，保険審議会法制懇談会委員などを歴任。

一般財団法人経営戦略研究財団　理事長
辻・本郷税理士法人　顧問
日本生命保険相互会社　社友
ホッカンホールディングス　社外取締役
英国国立ウェールズ大学経営大学院（東京校）教授
日本アクチュアリー会　客員
一般社団法人中小企業経営経理研究所　所長
Ｅメール　akanat@mpd.biglobe.ne.jp

最近の主な著書
『新財務諸表論（第５版）』税務経理協会，2015年
『財務諸表論の考え方──会計基準の背景と論点』税務経理協会，2015年
『「書斎の会計学」は通用するか』税務経理協会，2015年
『会計学はどこで道を間違えたのか』税務経理協会，2013年
『国際会計基準の着地点──田中弘が語るIFRSの真相』税務経理協会，2012年
『IFRSはこうなる──「連単分離」と「任意適用」へ』東洋経済新報社，2012年
『会計と監査の世界──監査役になったら最初に読む会計学入門』税務経理協会，2011年
『会計基準──新しい時代の会計ルールを学ぶ』税務経理協会，2012年
『複眼思考の会計学－国際会計基準は誰のものか』税務経理協会，2011年
『国際会計基準はどこへ行くのか』時事通信社，2010年
『会計データの読み方・活かし方──現代会計学入門』中央経済社，2010年
『会計学を学ぶ－経済常識としての会計学入門』（共著）税務経理協会，2008年
『新会計基準を学ぶ』（全４巻）（共著）税務経理協会，2008－2011年
『会社を読む技法－現代会計学入門』白桃書房，2006年
『不思議の国の会計学－アメリカと日本』税務経理協会，2004年
『時価会計不況』新潮社（新潮新書），2003年
『原点復帰の会計学－通説を読み直す（第二版）』税務経理協会，2002年
『会計学の座標軸』税務経理協会，2001年

著者との契約により検印省略

| 2012年3月20日　初版第1刷発行 |
| 2015年12月1日　初版第2刷発行 |

監査役のための「早わかり」シリーズ
経営分析
―監査役のための「わが社の健康診断」―

著　者　田　中　　　弘
発行者　大　坪　嘉　春
印刷所　税経印刷株式会社
製本所　株式会社　三森製本所

発行所　〒161-0033　東京都新宿区
　　　　下落合2丁目5番13号　　　株式会社　税務経理協会
振　替　00190-2-187408　　　電話　(03)3953-3301（編集部）
ＦＡＸ　(03)3565-3391　　　　　　　(03)3953-3325（営業部）
URL　http://www.zeikei.co.jp/
乱丁・落丁の場合は，お取替えいたします。

© 田中　弘 2012　　　　　　　　　　　　　　　　　Printed in Japan

本書の無断複写は著作権法上での例外を除き禁じられています。複写される場合は，そのつど事前に，（社）出版者著作権管理機構（電話 03-3513-6969，FAX 03-3513-6979, e-mail：info@jcopy.or.jp）の許諾を得てください。

JCOPY ＜(社)出版者著作権管理機構　委託出版物＞

ISBN978-4-419-05709-1　C3034

キャッシュ・フロー計算書

Ⅰ　営業活動によるキャッシュ・フロー	
税引き前当期純利益	300
減価償却費	30
有価証券売却損	20
売掛金・受取手形の増加額	－60
棚卸資産の減少額	40
買掛金・支払手形の増加高	30
小　計	360
法人税等の支払額	－150
営業活動によるキャッシュ・フロー	210
Ⅱ　投資活動によるキャッシュ・フロー	
有価証券の売却による収入	200
有形固定資産の取得による支出	－160
投資活動によるキャッシュ・フロー	40
Ⅲ　財務活動によるキャッシュ・フロー	
短期借入れによる収入	100
社債の償還による支出	－80
財務活動によるキャッシュ・フロー	20
Ⅳ　現金及び現金同等物の増加額	270
Ⅴ　現金及び現金同等物の期首残高	2,400
Ⅵ　現金及び現金同等物の期末残高	2,670

損益計算書

営業損益計算	Ⅰ 売上高				100
	Ⅱ 売上原価				
		1 商品期首棚卸高		10	
		2 当期商品仕入高		54	
		3 商品期末棚卸高		12	52
		売上総利益			48
	Ⅲ 販売費及び一般管理費				
		販売手数料		4	
		広告宣伝費		13	
		給料・手当		10	
		減価償却費		6	33
		営業利益			15
経常損益計算	Ⅳ 営業外収益				
		受取利息及び割引料		1	
		受取配当金		15	16
	Ⅴ 営業外費用				
		支払利息		1	
		有価証券評価損		1	2
		経常利益			29
純損益計算	Ⅵ 特別利益				
		固定資産売却益			13
	Ⅶ 特別損失				
		為替損失			2
		税引前当期純利益			40
		法人税等			16
		当期純利益			24

（ここまでが当期業績主義の損益計算書）

（全体として包括主義の損益計算書）